鑑真和上

―私の如是我聞―

唐招提寺第八十二世長老
遠藤　證圓

文芸社

本書を鑑真大和上に捧げる

目次

第一章　鑑真和上の来朝

1. 画竜点睛を求めて　10
2. 鑑真和上伝戒を決意　15
3. 仏法有縁の国　20
4. 慧思の「後身説」　25
5. 日中を結んだ糸　31
6. 『東征伝』に献詠された漢詩　38
7. 新田部親王邸を律院に　44

第二章　和上が伝えた律宗

1. 律宗のふるさと終南山　50
2. 道宣律師と長安西明寺　57
3. 僧伽のありかた　64
4. 半月ごとに自己を省みる　69
5. 浄域を定める結界　75
6. 全員の意思で決める羯磨　80
7. 過去七仏が説く戒め　86

8.「戒」は人と社会を救う 92

第三章　遺徳のひろがり

1. 和上の典籍に感涙した最澄 100
2. 随従の碧眼僧・如宝 106
3. 道忠と初期天台宗 111
4. 招提伽藍の造営 117
5. 豊安と空海の交わり 122
6.『戒律伝来記』 127
7. 和上将来の仏舎利 133

第四章　護法のこころ

1. 戒律復興のさきがけ実範 140
2. 戒律を伝承した覚盛と叡尊 146
3. 二師を支えた證玄と忍性 152
4. 和上伝を絵巻にする 159
5. 尊母のために逆修 165

6. 生駒の竹林寺 170
7. 尼僧の成立 177
8. 京都に律宗をひろめた道御 183

第五章 法灯をつなぐ
1. もののふ椿の菩提寺 190
2. うちわまきの舞楽と陪臚会 196
3. 社寺復興をたすけた隆光 201
4. 綱吉と隆光の深い絆 207
5. 伽藍を守護する訶梨帝母 213
6. 椿に癒しを求める 219
7. 無言の松が語る「戦争」 225
8. 「両に稲田」の唐招提寺 231

第六章 交流のあしあと
1. 友好の花「けい花」 238
2. 日中仏教の恩人――趙樸初居士 244

3, 和上上陸の秋目に記念館 250
4. 一二五〇周年の紀念訪中 256
5. 鑑真の精神に学べ 262
6. ふたたび江南の春 268

第七章　大和路余録
1. シキミと鑑真和上の伝承 274
2. 道鏡の真実の姿をさぐる 279
3. 謡曲「百万」の由来 284
4. 平安京に咲いた奈良桜 290
5. 瓦大工・吉重 296
6. 蕪村、浄土律の寺に詠む 302
7. 宇智川磨崖碑の経意 308
8. 尼ケ辻の地蔵さん 314
9. 花マンダラ――入江先生追弔 319

あとがき 325
初出一覧 331

題字・遠藤證圓
表示裏写真・澤邊憲司
装丁・坂本清三

第一章　鑑真和上の来朝

1. 画竜点睛を求めて

井上靖氏の小説『天平の甍《いらか》』の冒頭近くに次のような描写がある。

大安寺の僧普照《ふしょう》、興福寺の僧栄叡《ようえい》とに、思いがけず留学僧として渡唐する話が持ち出されたのは、二月の初めであった。二人は突然、当時仏教界で最も勢力を持っていると言われていた元興寺の僧隆尊《りゅうそん》の許《もと》に呼び出されて、渡唐する意志の有無を訊《たず》ねられた。普照も栄叡も、隆尊と親しく言葉を交えたのはこの時が初めてであった。二人とも隆尊の華厳《けごん》の講義を聞いたことはあったが、平生は傍へも近寄れぬ相手であった。

（中略）

二人の全く型の異なった若い僧侶に、隆尊は持前のおだやかな口調で説明した。日本ではまだ戒律が具《そな》わっていない。適当な伝戒の師を請《しょう》じて、日本に戒律を施行したいと思っている。併し、伝戒の師を招くと一口に言っても、それは何年かの歳月を要する仕事である。招《よ》ぶなら学徳すぐれた人物を招ばなければならないし、そうした人物に渡日を承諾させることは容易なことではあるまい。併し、次の遣唐使が迎いに行くまでには十五、六年の歳月がある。その間には二人の力でそれが果せるだろう。（『現代日本文学大系』86　筑摩書房）

栄叡、普照が、天平四年（七三二）に決定された第九次遣唐使の船で、戒師《かいし》招請の任を帯びての入唐《にっとう》留学を促されるくだりである。『東大寺要録』巻一の記載を資料としたもので、わが国仏教が大きく転回する最初の一瞬を、作家はこのように描いている。

仏教教団を構成する道俗《どうぞく》七衆には、比丘《びく》、比丘尼《びくに》の具足戒《ぐそくかい》、沙弥《しゃみ》・沙弥尼の十戒、優婆《うば》塞《そく》、優婆夷《うばい》の五戒と、それぞれに守るべき戒律が定められている。これらを授ける（受ける）儀式が授戒（受戒）であり、その師となる人が戒師である。

唐朝では戒律をもって入道の正門とされ、受戒していない者は僧の仲間に入れないとされた。ことに、当然のことながら比丘の二百五十戒、比丘尼三百四十八戒の具足戒はもっとも重視された。辺境でどうしても師が得られない場合は、自ら仏前に誓う自誓《じせい》受戒という便法もあるが、具足戒にはそれも認められず、あくまで師たりうる人を得て受ける「従他受《じゅうたじゅ》」が正式とされ、それには十師が必要であった。

十師は「三師七証《さんししちしょう》」というように、伝戒和上《でんかいわじょう》、戒場で礼拝を教える羯磨師《こんまし》、威儀作法を教える教授師の三師と、戒場に立ち会い受戒を証明する七人の尊証師《そんしょうし》からなる。こうした授戒法がインドから中国へと伝えられ、あくまで従他とされるのは、仏法そのものが釈《しゃく》尊《そん》以来人から人へと連綿と伝えられた証《あかし》でもある。

授戒は、平たくいえば宣誓式といえようが、これが厳粛な儀式として重視されるのは、その時限りの単なる通過儀礼ではないからである。戒を受けたその時から受者の心には、悪を抑制し善を行う力がやどる。たとえば不殺生戒《ふせっしょうかい》を受けたとすると、その誓戒ゆえに殺生することに対する歯止めができ、殺生しようにも実行できない力が具《そな》わるのだとされる。その力は戒体《かいたい》と呼ばれて古くから論じられ、これをもつかもたないかにより、仏教徒と非仏教徒との区別がなされるともいう。戒は眠っているときも、忘れているときでさえ受者の心に宿り持続される。授戒が重要とされるのはこうしたところからであり、戒師の任も重い。

当時はわが国に仏教が伝来してから二百年、その間に受戒や戒律についての理解はかなり身についていたとみるべきだろう。しかし、多くの留学僧の帰朝によっても、完備した具足戒の伝授にはほとんど何の努力も払われなかったようだ。その大きな要因は、僧尼の統制があまりにも国主導で行われ、いわば僧尼令が戒律の役目をし、これが遵守《じゅんしゅ》されさえすればこと足りるといった風が根底にあったといえなかろうか。

こうした中で、天平五年になって戒師招請がもち上がったことを、ある人は「一種の時代的要求」と説明し、また『鑑真』の著者、安藤更生氏のように、とくにそうしなければならない政治的原因があったからだという指摘もある。氏によれば、いわゆる「行基の徒」の取り締まりに手をやく律令《りつりょう》政府は、僧尼令よりも戒律を厳しくすることにより、一つには僧尼の粗製濫造《らんぞう》を防ぎ、もう一つは行儀を粛正するのが取り締まりの近道と気がついた。それにはまず、唐から戒律の明師《めいし》を迎えて正式な戒儀を整えるのが最善であると考えた。この智慧《ちえ》を出したのが隆尊で、天武天皇の皇子である舎人《とねり》親王がこの政策を打ち出したのだとされていた。

ところが、その後『東大寺要録』にいう隆尊のこの進言説を否定する学者が多い。その理由は「七大寺年表」に隆尊は天平宝字四年（七六〇）に五十五歳で寂したとあり、逆算すると天平五年は二十八歳だったことになる。この若さで政治的発言ができるような要職にあったとはとても考えられず、知太政官事の舎人親王に「智慧を貸す」などできなかったというのである。

では隆尊にかわる建策者はだれだろうか。それは天平元年に新たに僧綱《そうごう》に加わった道慈《どうじ》であろうとされる。天平十六年（七四四）十月に卒した道慈には、『続日本紀』の卒伝や『懐風藻《かいふうそう》』に略伝が記載されている。その伝記によると、道慈は大宝二年（七〇二）に入唐し、養老二年（七一八）に帰朝した。経典の請来や経論の著述、大安寺《だいあんじ》の移建、国分寺建立の献策などの事績が指摘されているが、ことに『日本書紀』編纂《へんさん》にもたずさわったと考察されているのは、『書紀』の撰述者といわれる舎人親王との接点を大いにうかがわせる。また『愚志《ぐし》』一巻を著し、唐土と比較してわが国の僧尼のことを論じたというのも、戒師招請を進言した人と想定するに手がかりを与える。いずれを採るべきだろうか。

そうしたことはともかく、わが国仏教に画竜点睛《がりょうてんせい》ともいうべき戒師招請の任を負った栄叡と普照は、天平五年四月三日に旅立ち入唐した。幸いにもすぐさま道璿《どうせん》らの来朝を得たのだが、十師が揃うには、さらに二十年、鑑真和上一行の来朝を待たねばならなかった。

2. 鑑真和上伝戒を決意

現今では「一年の計は元旦にあり」といった言葉も、かすみがちになってしまった。幼いころ、元日の日の出を拝みながら、父から「ことし一年、お前が目標とすることを言ってみよ」といわれたことなどが思い出される。

話はかわるが、平成四年は鑑真和上がわが国に戒律を伝える「伝戒」を決意されてから、ちょうど千二百五十年という記念すべき年であった。

留学僧栄叡《ようえい》と普照《ふしょう》が揚州大明寺《だいめいじ》に和上を訪ねて、わが国へ戒律の伝授を懇請《こんせい》したのは、唐の天宝元年（わが天平十四年＝七四二）十月のことであった。

「速やかに戒師《かいし》を招き来たれ」との任を負うて栄叡らが入唐《にっとう》したのは天平五年（七三三）であった。まず、洛陽で道璿《どうせん》律師を請じることに成功した。その後留学十年、次の遣唐船はまだ来ないが、早く戒師を請じて帰国しなければという思いにかられた。幸い長安で、安国寺の僧道航《どうこう》ら四人の同行を得た。

ことに道航が、時の宰相李林甫《りりんぽ》の兄である李林宗の家僧（その家の仏事にたずさわる僧）

をしていたことから、同じ一族で揚州の港で船や荷役を司る役人である倉曹《そうそう》をしている李《り》湊《そう》へ宛てた書翰を得ることができて、大船を建造し、食糧を準備するメドもついた。

そして、道航の師が鑑真和上であったことから、揚州に和上をたずねたのである。

——仏法が東へ流伝し、日本国に至りましたが、法は伝わっても正しく教える人がおりません。日本国にかつて聖徳太子という方がおられ、二百年後に聖教《しょうぎょう》が興隆するといわれました。いまがまさにその運気のときです。大和上、どうかわが日本へ渡ってお導きください。——

栄叡らの請願に対して、鑑真和上はかねがね聞き知っていた日本に対する二つの象徴的な話を語る。

それは、中国に天台の教えを興した南岳衡山《こうざん》（湖南省）の慧思《えし》禅師が、遷化ののち倭国《わこく》の王子に生まれかわって仏法を興隆し、民衆を済度《さいど》されたとのこと。また日本の長屋王《ながやおう》（天武天皇の孫）は仏法を崇敬し唐へ千枚の袈裟《けさ》を贈ってきたが、その縁《ふち》には「山川異域、風月同天、寄諸仏子、共結来縁」という四句の詩文が刺繍《ししゅう》されていたとのことであった。

——これらのことから思うに、日本はまことに仏法有縁《うえん》の国である。いま同席の衆僧の中に、だれかこの遠くからの求めに応じて、日本へ赴き仏法を伝えようとする者はい

ないか。──

しかし、だれ一人こたえる者がいなかった。やがて弟子の祥彦《しょうげん》がいうには、

──かの国は非常に遠く、往きつこうにも命すらあやういでしょう。海原が果てしなく続き、百に一つも到る可能性がありません。人身は得難いといいます。この中国に生まれて、いまあることすら難しかったのです。それにまだ修行の成果も十分ではありません。そうしたことから、だれも答えることができないでいるのです。──

これを聞いて和上は、

──これは仏法のためのことなのだ。どうして身命を惜しんでいられよう。みなが行かぬなら、私が行くばかりだ。──

和上のなみなみならぬ決意に、祥彦がまずお伴しますと申し出た。鑑真和上の事蹟を述べている『東征伝』にはこうしたやりとりの末に二十一人が随従することになったと記している。

さて、仏教がひろまりさかんになることを「法輪が転ずる」という。その要《かなめ》となるのが戒律である。仏教が単に知識・学問ではなく、日々の生活の中に自らの体で修するものだからである。ところがわが国では、その戒律がいまだ正しく伝えられていなかった。その

淵源は仏教伝来の当初にあった。

わが国の仏教伝来は欽明朝《きんめい》であったが、次の敏達天皇《びだつ》は「天皇、仏法を信《う》けたまわず」とあるように、なお曲折があった。用明天皇二年（五八七）物部守屋《もののべのもりや》が滅ぼされて、崇仏か排仏かに結着をみるが、これまでにおよそ五十年を要している。

『日本書紀』に戒律に関わることがはじめてみえるのは、その翌年の崇峻天皇《すしゅん》元年（五八八）のことである。この年蘇我馬子《そがのうまこ》は善信尼《ぜんしんに》らを百済《くだら》に留学させた。

かつて敏達天皇十三年（五八四）に百済からもたらされた弥勒《みろく》石像を請い受けた馬子は、この仏像に奉仕する修行者を四方にさがし、還俗《げんぞく》していた高麗《こま》の恵便《えびん》という人を見出した。善信尼は司馬達等《しばたっと》の娘であるが、この人を師として、自分に仕えた二人の弟子とともに出家した。恵便から教えられたのか、出家は戒をもって本とするから百済に渡り、受戒の法を学んできたいと願い出ていたのだという。かの女は時に十一歳であった。

この崇峻天皇元年には、百済の使者とともに三人の僧が来朝して仏舎利を献じてきた。さらに同国から聆照《れいしょう》律師ら五人の僧の来朝があったともいう。馬子はこれら百済僧たちに、受戒の法について問うたといわれる。

『三国仏法伝通縁起』（凝然《ぎょうねん》＝一二四〇―一三二一＝著）によれば、百済の僧たちはこたえる「比丘の受戒は十人ないし五人の高僧を必要とする。尼の場合はまず尼寺で尼僧による尼としての儀式を終えたあと、さらに僧寺で比丘たちに随って受戒するのが正式である」と教えたという。

だがこの答えは、凝然が戒律上の常識を百済僧の言として記したものであろう。実際はどこまで答え得たか疑問である。もし右のようにきちんとした答えを得ていたなら、馬子の関心は男子の僧（比丘）の養成に注がれたにちがいない。またこのときの来朝僧の中に師となる資格をもつ者が五人だけでもいれば、仏制にもとづいた比丘授戒が可能だったわけである。

なぜ馬子は男子の出家者養成に力を注ぎ、男子を百済へ留学させなかったのであろうか。痛恨事である。このときたとえ数人でも比丘をつくっていたなら、鑑真和上の来朝よりははるか早くに、わが国でも正式な授戒が確立できたのである。

わが国はその後さらに百年の試行錯誤の末に、ようやくその根幹である戒律の重要さを体感するようになり、鑑真和上への懇請となった。

和上が来朝を決意されて千二百五十年。ひとえにその意義をかみしめる年であった。

3. 仏法有縁の国

「転生《てんしょう》」というと、おおかたの人は「魔界転生」といった小説や映画の題を思い浮かべるかもしれない。再生、再誕、後身《こうしん》などともいわれ、生まれ変わりのことである。輪廻《りんね》転生などという語もあるが、ここにいうのは人から人への生まれ変わりの話である。

鑑真和上の伝記『東征伝《とうせいでん》』には、わが国の聖徳太子が、中国南岳の慧思《えし》禅師の生まれ変わりであるという話が出てくる。唐の天宝元年（七四二）栄叡《ようえい》、普照《ふしょう》が揚州大明寺《だいめいじ》に和上を訪ねて戒師招請を願うくだりで、和上は、

――わたしは聞いている。昔、南獄の慧思禅師が遷化《せんげ》ののち、倭国《わこく》の王子に生まれ変わり、仏法を興隆し民衆を済度《さいど》されたと。また長屋王《ながやおう》は深く仏法に帰依《きえ》して……と聖徳太子と長屋王の名をあげて、仏法有縁《うえん》の国であるという認識を披歴されている。

『東征伝』は真人元開《まひとげんかい》が宝亀十年（七七九）に書いたものだが、それは和上の弟子思託《したく》がまとめた三巻の和上伝、いわゆる『広伝』と呼ばれているものから一巻としたものである。思託にはほかに『延暦僧録《えんりゃくそうろく》』という書があったが、両書ともいまは完本は伝わらず、後

の書に引用された部分的な文が残っているのみである。

『東征伝』には「倭国の王子」とあるだけだが、『広伝』には、

――恵《(ママ)》思禅師はすなわち日本に隆生して聖徳太子となるなり……

また『延暦僧録』第二の上宮皇太子菩薩伝には、

――思禅師は後に日本国橘豊日天皇宮に生まれ……

と聖徳太子であることを明言している。

慧思（五一五―五七七）は中国南北朝の人で、中国の天台宗の第二祖とされる。初祖とされる慧文《えもん》を嵩山《すうざん》（河南省）に訪ねて師事した。慧文は北斉の人であるがその生卒は不明である。修禅《しゅぜん》をもっぱらとし、龍樹《りゅうじゅ》の『大智度論《だいちどろん》』や『中論《ちゅうろん》』によって、のちの天台教学の基礎となる教理を形成したという。これを慧思が継ぎ、さらに隋《ずい》の智顗《ちぎ》がその教理を大成して、天台宗となっている。

慧文の下で、法華経に基づいて禅定《ぜんじょう》の境地を得る法華三昧《ほっけざんまい》を体得した慧思は、さまざまな所で法論を述べ、修禅を中心とした実践を説いた。しかし従来の学解《がくげ》中心の僧から迫害をうけ、あるときは毒殺されそうにもなったという。のちに大蘇山《だいそざん》（河南省）に入り、五五八年には金字の般若経《はんにゃきょう》、法華経をつくった。

また、仏法の不滅と弥勒《みろく》の救済を願う『立誓願文《りっせいがんもん》』を草したが、この中には中国で最初の末法《まっぽう》思想を明確に表した文言がみられるという。五六一年には智顗が入門しており、その後四十人の弟子をともなって南岳衡山《こうざん》（湖南省洞庭湖の南）に入った。そして山にあること十年にして示寂した。

慧思の寂年は太建九年（五七七）であり、聖徳太子が生誕した敏達《びだつ》天皇三年（五七四）より後である。すでに鎌倉時代にこの点の矛盾が指摘されるが、そうしたことをよそに、奈良時代から弘布《ぐふ》された太子の「慧思禅師後身説《えしぜんじこうしんせつ》」は、さらに信仰を深めさまざまに展開する。『上宮廐戸豊聡耳皇太子伝《うまやどのとよとみみ》』という書は、聖徳太子伝の最古のものともいわれるが、早くから逸して引用された文が散見されるのみである。その中に、聖徳太子は小野妹子《おののいもこ》を大唐国衡山道場に遣わして、太子が日本に生まれる前、つまり慧思であったときに常に捧持《ほうじ》していた法華経を取ってこさせるという話がある。

妹子が衡山で出会ったのは「老師」とあるのみで、慧思とは明記されていない。ただ、老法師は妹子に「われ久しく遷化《せんげ》せずにずっと日本からの使いを待っていた。いまようやく来たので、これでさらに待つこともなくなった。この経を急いで国に持ち帰られよ」といったという。

その末尾には「長寿三年六月一日、雍洲《ようしゅう》長安県人李元恵於揚洲写了」とあり、これだけを読むと、則天武后《そくてんぶこう》の長寿三年（六九四）にこの話の文が書写されたととれる。が、現在は御物となっているが、もと法隆寺所蔵であった法華経の中で、一部一巻には右と全く同じ文言の奥書が記されている。つまり、右の話の撰者は、小野妹子とは年代が合わないにもかかわらず、経の奥書をそのまま挿入して、唐から伝来した経の実物によって話の権威づけをしたとみられている。

さらに『大唐国衡山道場釈思禅師七代記』という書には、衡山道場で修行中の慧思のところへ、西から訪ねきた達磨《だるま》が問答した話がある。そしてこの達磨のすすめによって、慧思は海東に誕生することになり、達磨自身も慧思に先立って東へ向かって去ったというのである。ちなみに、この文の末尾には、開元六年（七一八）に杭州銭塘館《こうしゅうせんとうかん》で書写されたとある。

この話は『日本書紀』の推古天皇二十一年（六一三）にみえる片岡山伝説とも呼応する。すなわち太子が片岡山（奈良県北葛城郡）遊行の途次に出会った飢人とは、実は達磨であったということになる。

こうしたさまざまな説話の軸をなす慧思の太子託生《たくしょう》説を検討批判したのは辻善之助博

士で、唐僧思託《したく》が創作したものであると結論された。以後博士の論は多くの研究者に支持されて、いわば定説となっている。しかし『唐大和上東征伝の研究』の蔵中進氏はこれに疑義をはさんで、諸史料を再吟味したところ、すでに思託以前から日本のみならず中国でも弘布されており、おそらくわが奈良朝のころより相当さかのぼって形成されたと推測しておられる。

私も、弟子の思託が、自らの創り話を、師である和上の言として書くことは厳としてなかったと考える。すでに相当早くから語られていたとみるべきで、それは太子のある種の名声が伝えられ、認識されていたに違いないからである。中国隋代を扱った史書である『隋書《ずいしょ》』にいう「日出ずる処の天子……」の国書の話題も関わりのないことではなかろう。

現代人にとっては、生まれ変わりということ自体がナンセンスと一蹴《いっしゅう》されよう。しかし、たとえばチベットのダライ・ラマはいまもって転生《てんしょう》者、活仏《かつぶつ》である。現在のダライ・ラマは、十三世が一九三三年に死去したのち、その転生者として六歳でポタラ宮に迎えられて十四世となった。世界が流動する中で、このチベット独特の法主転生者相続の制度が、将来どのようになるのかは、ひとつの興味深いことがらである。これをさかのぼれば、慧思の聖徳太子託生説も無関係ではない。

4．慧思の「後身説」

聖徳太子に数々の伝承・伝説があることはよく知られている。「慧思禅師後身説《えしぜんじこうしんせつ》」とよばれているものもその一つである。太子が中国天台宗の第二祖慧思禅師の転生《てんしょう》・生まれ変わりであるという話で、前項でも述べた。

人が生まれ変わるなどということはあり得ないし、慧思が示寂したのは五七七年、聖徳太子のお生まれは五七四年であるから、つじつまがあわない――現今の常識では一蹴《いっしゅう》される話だが、それでも語り伝えられてきたところには何かがあるというべきであろう。

平成四年十月一日付の朝日新聞夕刊文化欄の「取材ファイル」というコラムに、太子伝説にみる「交流史」――と題して、この後身説のことが書かれていた。

「鑑真を日本へ駆り立てたのは、聖徳太子が南北朝時代の名僧の生まれ変わりで、その故地を訪ねたいという思いだった」――国際日本文化研究センター外国人教授の王勇・杭《こう》州《しゅう》大教授(三五)＝中日文化交流史＝が講演で発表した仮説を聴いて面白かった、という書き出しである。私自身聴講したわけではなく、その内容はあくまで新聞記事の範囲でしか

知り得ないのだが、

「唐で名声を得ていた鑑真が、なぜ何度もの難破や身の失明も顧みず辺境の日本に情熱を燃やしたのか、なお明らかでないが、古代日中間にあった伝説を軸にこのなぞに挑んだものだ。」

と解説している。そして王教授の結論としては、
太子没後から鑑真渡来までの百年余に、十回の遣唐使が派遣された。早くから入唐僧《にっとう》が日本の立場強化の意図をこめ、太子転生説で東方の仏法国のイメージづくりをしたのではないか。──

という。

わが国が仏法国であるというイメージづくりのために、太子の慧思後身説を伝えたという王氏の論は、いままでのわが国の研究家にはなかった興味ある推論である。

ちなみにこの記事の筆者がいわんとしたことは次のことである。

──この仮設の当否はおくとして、氏は日本側に二つの問題提起をしていると受けとめたい。近代以前の「交流史」を一方的受容史で済ませてきたこと、近代史学が切り捨てた伝説という虚像部分を正面にすえたこと。「実証」と「人の息づかいがある歴史」という

学界の課題への一つの大胆な提言と思う。

さて、慧思禅師（五一五—五七七）は晩年の約十年を湖南省の南岳衡山《こうざん》に隠棲《いんせい》し、弟子の天台大師智顗《ちぎ》の教学大成に大きな影響を与えた。後身説が生まれたのは、慧思と聖徳太子が共に法華経の弘通《ぐつう》に功があったところからとみられる。

この転生の話は『東征伝』にみえ、留学僧栄叡《ようえい》・普照《ふしょう》がわが国への伝戒《でんかい》を懇願するため鑑真和上を訪ねたとき、「わたしは聞いている。むかし南岳慧思禅師は遷化《せんげ》ののち、倭国《わこく》の王子に託生《たくしょう》して、仏法を興隆し衆生を済度《さいど》すと——」と和上が語られたという。長屋《ながや》王《おう》が千領の袈裟《けさ》を中国の衆僧に贈った話とともに、和上が日本に対してかねがね聞き知っておられたところを述べたものである。

来朝までの十二年の辛苦を終始和上とともにあった弟子の思託《したく》は、和上示寂の天平宝字七年（七六三）の前後に三巻の和上伝を著した。これをもとに宝亀十年（七七九）真人元《まひとげん》開《かい》（淡海三船《おうみのみふね》）が一巻にまとめたのが『東征伝』である。思託は延暦年間（七八二—八〇五）に『延暦僧録《えんりゃくそうろく》』を著したが、その中にも「上宮皇太子菩薩伝」があり、やはり後身説がみえる。

元開淡海三船は天平神護元年（七六五）称徳《しょうとく》天皇の法隆寺行幸に扈従《こじゅう》（お伴）したと

きの詩に「南嶽留禅影　東州応現身」と詠《よ》んだ。その序にも太子転生のことが書かれ、さらに太子が小野妹子《おののいもこ》に命じて法華経を請来させた話まで書かれている。つまり三船もすでにこれらの話を知っていたわけである。

当時は聖徳太子への鑽仰《さんぎょう》の風が高まりつつあり、延暦十七年（七九八）に七十一歳で没した東大寺学僧明一《みょういち》が著した太子伝は『明一伝』とよばれている。また『七代記』あるいは『四天王寺障子伝』とよばれているものが宝亀二年（七七一）に敬明《けいみょう》（あるいは教明《きょうみょう》）によって撰述されたという。これにも思託の著述が編入され、もちろん後身説を含んでいる。

明治時代以降の太子研究の中では、後身説への論究がいつ発生したかに集中した。辻善之助氏が「聖徳太子慧思禅師後身説に関する疑」の中で、唐僧思託によって創作されたものとする見解を出されて以来、ほとんどの学者がこれに追随している。辻氏の論は思託に対し何かかまえるところがあって、私たちが読んでもいささか気になる語調である。反対する学者もあるが、思託以前の文献が求められないので、論拠にとぼしいとして退けられているのである。

最近の書の一つ、田中嗣人氏の『聖徳太子信仰の成立』でも、

「――慧思禅師後身説や法華経将来説話が生れてくる背景は思託・明一・淡海三船らの親交の間から、それぞれの国の仏教的偉人の話が出るに及んで、作為的にではなく、極めて自然に生まれてきたのではなかろうか。」

と辻氏の論調からやや柔軟になっているが、「――いずれにしても、これらの説話は思託来朝以後の説話であるとみて大過なさそうである。」と、その論旨はかわっていない。

後身説に対する結論づけとしては、それでよしとするのであろうが、では鑑真和上が語られたということに対してはどうなのであろうか。実際には和上はそんな話は何もしなかったというのであろうか。思託は師をあざむいてまで慧思を託生させなければならなかったのであろうか。これらの疑問に史家はこたえなければならない。

坂本太郎博士の著作集第九巻には「聖徳太子の史実と伝説」という一文が収められている。昭和四十五年の四天王寺夏期大学講座での講演のまとめだからか、あまり注意されていないようだが、史実と伝説の見方、考え方を明解に語っておられる。その中、(九)伝説にも歴史的意義がある――という項で、一例としてこの後身説をあげ、鑑真和上の日本渡来の有力な原因になったと説かれて「これは伝説といっても後世に与えた影響は偉大なものがある」と評しておられる。

「伝説だからといって無視し抹殺してはならない」と、その意義を読みとることを強調しておられるのは、先の記事に指摘されているのと一脈通じるところであろう。

追記＝王勇氏はその後、『おん目の雫《しずく》ぬぐはばや――鑑真和上新伝』（平成十四年　農山漁村文化協会）を上梓され、右の新論もこれに収められている。

5. 日中を結んだ糸

昭和六十三年、約半年にわたり「奈良シルクロード博覧会」が開催されたが、薬師寺の故高田好胤元管長が仰せられた「私たちはシルクロードというべきでなく、仏の道というべきである」は、深く認識すべきであろう。ただ、私たちがシルクロードというとき、その根底には「仏教」なり「仏教文化」という意識が、いつも潜在しているのではないか、と私は理解している。

東大寺が「シルクロード往来有縁《うえん》無縁者追善大法要」を厳修《ごんしゅう》されたことは、まことにありがたく意義深いことであった。奈良の文化は無数の人々により築かれたのだが、名前の明らかでない人は如何《いかん》ともしがたい。せめて判明している人の過去帳をということから発展して、『シルクロード往来人物辞典』を編纂《へんさん》されたのも、さすが東大寺だと頭がさがる思いであった。

日本側は仏教伝来から遣唐使の廃止まで、中国史側については前漢武帝時代から唐末までの人を網羅《もうら》し、その数は二千人を超えるという。関係者の労苦がしのばれるが、これこそ次代への貴重な基礎資料となる。

ここに親子二代にわたって日中を往還《おうかん》した人がいる。羽栗吉麻呂《はぐりのえまろ》と翼《たすく》・翔《かける》という二人の子である。その往還がみえない糸で鑑真和上と結ばれているのは興味深い。

結論から記せば、その長男翼はのちに医薬の道に進んだ。とすれば、来朝された鑑真和上に何らかの教えを受けたことは容易に想像されよう。さらに和上遷化《せんげ》の訃《ふ》報が宝亀八年（七七七）翼が准判官に任ぜられて入唐《にっとう》したとき、中国に伝えられた。

また、和上が来朝されたときの遣唐大使藤原清河《ふじわらのきよかわ》は唐土に没するが、その薨伝《こうでん》とともに、喜娘《きじょう》という遺児（娘）がわが国に来たのはこの遣唐船によってである。唐招提寺には清河の家人により八角堂や僧坊《そうぼう》が施入されている。消息不明となった清河の無事を祈って喜捨《きしゃ》されたといわれるが、学者によっては清河の死が伝えられた後のこととする人もある。

さらに帰国する船に同乗した唐使の高鶴林《こうかくりん》は、和上の墓前に詣《まい》り、和上の遷化を悼む詩を残し、これが『東征伝』に収載されているなど、因縁浅からぬものがある。以下順を追ってそのてん末を記してみよう。

養老元年（七一七）三月、多治比県守《たじひのあがたもり》を大使とする遣唐船が出発した。これに乗って入唐《にっとう》留学した者は吉備真備《きびのまきび》・阿倍仲麻呂《あべのなかまろ》・玄昉《げんぼう》らである。羽栗吉麻呂は阿倍仲麻呂の傔《けん》従《じゅう》として入唐した。吉麻呂は唐女をめとり、二子をなす。結婚は長男翼の没年から逆算して入唐二年後のことであろう。二子の名は「翼つよき鳥ならば、翔《かけ》りゆかん、なつかしのふるさとへ」といった望郷の思いを込めた命名であったのだろう。

主人の仲麻呂は進士に及第した。名前も唐風に朝衡《ちょうこう》（晁衡）と改め、皇太子の側近である春宮坊の校書《こうしょ》をはじめ拾遺・浦闕《ほけつ》という、天子の側《そば》近くにあって政道を諫《いさ》める官をつとめた。

次の遣唐使は天平五年（七三三）に出発した。多治比広成《たじひのひろなり》を大使とする一行で、戒師《かいし》招請の任をおびた栄叡《ようえい》・普照《ふしょう》もこの船で留学した。

真備・玄昉は十七年ぶりに帰国することになったが、仲麻呂だけは慰留されてひとり長安にとどまることになった。羽栗吉麻呂はとくに主人の許しを得て、二人の息子を携えて一行に加わり帰国の途についた。

十月、四つの船は蘇州を発して海へ出た。吉麻呂の乗った第一船は無事に種子島に到着したが、他の三船は悪風に流されてちりぢりになった。婆羅門僧正菩提僊那《ぼだいせんな》・道璿《どうせん》・仏哲《ぶってつ》らの乗った第二船は二年も遅れて帰着した。第四船はついに帰らなかった。

第三船は安南に漂着し、兇暴《きょうぼう》な原地民とマラリヤに悩まされて、百十五人のうち長安にたどりついたのはわずか数人であった。阿倍仲麻呂の斡旋《あっせん》を得て渤海路《ぼっかいろ》を経由し、帰国したのは天平十一年（七三九）十月のことであった。

羽栗吉麻呂は十八年ぶりに故国の土を踏んだ。二人の子供にはもちろん初めてみる日本である。長男の翼は十六歳、弟の翔も推測ながら十三、四歳であろう。奈良の都は、二人の眼《め》にはどのように映ったことであろうか。長男翼はまもなく僧侶になった。しかし朝廷はその才能を惜しみ、還俗《げんぞく》させて得意とする医薬に専心研究させたという。

大仏開眼《かいがん》が行われた天平勝宝四年（七五二）春、藤原清河を大使とする遣唐使が派遣された。先に留学の経験をもつ大伴古麻呂、吉備真備が副使である。

朝衡こと仲麻呂はすでに唐朝にあること三十五年、従三品秘書監という外国人では異例の高官であった。すでに五十四歳の仲麻呂は、遣唐使到着を機に再び帰国を希望してようやく許された。

仲麻呂は大使の一行とともに揚州に鑑真和上を訪ねた。玄宗《げんそう》皇帝に正式渡日を願い出たのだが、道教の僧侶も同行させせよとの条件がついたため、密《ひそ》かに出国せざるを得なくなったのである。

唐の天宝十二年（七五三）十一月十六日、明《みん》州を発《た》った四つの船は五日後に早くも沖縄島へ到《つ》いた。ここまではよかったが、そのあと命運をわけることとなる。和上一行が乗った第二船をはじめ、第三船、第四船がどうやら帰国できたのに、大使藤原清河、阿倍仲麻呂が乗る第一船は悲惨であった。暗礁に乗り上げた船は、何とか離れることができたのだが、はるか西方の驩州《かんしゅう》（ベトナム北部）へ流されてしまった。

九死に一生を得て長安へ戻れたのはわずか十数人であった。仲麻呂は再び朝衡として唐朝に仕えた。のち安南節度使となって、代宗の大暦五年（七七〇）七十三歳で卒したという。清河も名を河清と改め、秘書監に任ぜられた。その没年は大暦八年（七七三）ごろという。

天平宝字三年（七五九）、高元度《こうげんど》を迎入唐大使使《げいにっとうたいしし》に任じた。このとき録事《ろくじ》となったのが翼の弟翔である。清河を迎える使は九十九人で渤海路をとったが、安禄山《あんろくざん》の乱のため、高元度ほかの十一人のみが渤海の使とともに唐に入った。しかし唐帝は、まだ残賊平らかでないとして、唐使沈惟岳《しんいがく》をつきそわせて、高元度一行のみを南路から帰国させた。このとき翔は帰国しなかった。おそらく、幼少のころ父が仕えた主の仲麻呂のもとに留《とど》り、仕えることになったのであろう。

清河が唐で結婚し、生まれた女の子・喜娘は、父が死んだため父の国日本へ渡ることになったのであろう。宝亀九年（唐の大暦十三年＝七七八）に唐へ着いた遣唐船で来日するが、これがまた大変な航海であった。この遣唐使は出発からして複雑である。宝亀七年閏八月に一度難波《なにわ》を出発するが、都合のよい風が吹かないという理由で、大使佐伯今毛人《さえきのいまえみし》は都へ帰り節刀を返還した。翌八年四月に再出発しようとして発病し、副使小野石根《おののいわね》が大使代行で入唐した。

このとき翼は五十九歳であったが、准判官となって第二船に乗った。生まれ故郷の長安、なつかしい仲麻呂や弟の翔との再会を想《おも》い心はやったことであろう。だが長安に着いてみると、安禄山の乱により都は荒れ、仲麻呂も翔も、そして清河もすでに世を去っていた。それでも翼は、揚州の鋳師にわが国で発見した金属の鑑定をしてもらったり、五紀暦という最新の暦法を学んだり、精力的に仕事を果たして帰った。

このときも帰途は荒れた。第二船と第三船は無事に帰着したが、第四船は済州島に漂着し、判官の海上三狩《うみかみのみかり》や唐使高鶴林らの一行は抑留されてしまう。その中から録事の韓国連源《からくにのむらじみなもと》ら四十余人が密かに脱出して帰った。三狩や高鶴林らは翌宝亀十年七月になって、新羅《しらぎ》使に送られて帰国した。

もっとも痛ましいのは第一船であった。喜娘はこの船に乗っていたのだが、強風と高浪《なみ》により海水がなだれこみ、小野石根や唐使趙宝英《ちょうほうえい》ら六十余人は、浪にさらわれて行方不明となってしまう。三日後には帆柱が倒れ、船が真っ二つに裂け、船尾の方は日唐両国の五十余人を乗せて薩摩国甑《こしき》島へ漂着、喜娘など四十人ほどが乗る船首の方は天草《あまくさ》へ漂《なが》れ着くという惨状であった。

高鶴林は宝亀十一年（七八〇）正月に拝賀しているから、和上の墓前に詣《もう》でたのもこの前後のことであろう。五言詩の末句には「法は千載に留り住し、名は万年の春に記せん」とある。一方、清河の娘喜娘はどうしたであろうか。奈良の清河の遺宅はのちに寺となり済恩院と号した。

羽栗翼は延暦五年（七八六）内薬正兼侍医に任ぜられ、延暦十七年（七九八）五月二十七日、八十歳でこの世を去った。

こうした日中の往還は、マユを形成する一本一本の糸のようでもある。それにしてもなんときびしい、身を捨てての糸であったことか——。

6.『東征伝』に献詠された漢詩

若葉の季節、鑑真和上のご命日を迎える。

和上は天平宝字七年（七六三）陰暦五月六日に遷化《せんげ》された。会はひと月遅れの六月。五日の夕刻には宿忌《しゅくき》（忌日の前夜）の法要が営まれ、和上に随従して来朝の諸弟子や有縁《うえん》の人々の過去帳も読みあげられる。六日には和上が将来された仏舎利を奉安して「舎利会《え》」が厳修《ごんしゅう》される。

すでに奈良時代に、十七回忌といったしきたりがあったのであろうか。和上遷化の年から十七年目にあたる宝亀十年（七七九）、『唐大和上東征伝』が真人元開《まひとげんかい》（淡海三船《おうみのみふね》）によって上梓《じょうし》された。和上の伝は、弟子の思託《したく》が三巻に著したが、それをもとに新たに一巻としたのがこの『東征伝』である。

この伝記の末尾には漢詩七首が付されている。作者は伝記の撰述者元開の二首のほか、和上の弟子の思託、法進《ほっしん》、石上宅嗣《いそのかみのやかつぐ》、藤原刷雄《ふじわらのよしお》、そして唐使高鶴林《こうかくりん》である。元開と高鶴林をのぞく四人の詩は「大和上を悼む」と題されている。これが収載されたのがいつかは別として、おそらくはいずれも和上が遷化された直後に詠まれたにちがいない。あるいは一堂に会して詩作し、和上を追悼したとも考えられる。ただ、漢詩が不得手だったのか、戒師《かいし》招請の大任を果たした留学僧の普照《ふしょう》がこれに加わっていないのはさびしく、惜しまれる。

元開のみは「初めて大和上に謁す、二首並びに序」と題し、百五十余字の序文と、次のような詩二首が詠まれている。

（第一首）　摩騰游漢闕　　僧會入呉宮
　　　　　豈若眞和尚　　含章渡海東
　　　　　禪林戒網密　　慧苑覺華豐
　　　　　欲識玄津路　　緇門得妙工

（第二首）　我是無明客　　長迷有漏津
　　　　　今朝蒙善誘　　懷抱絶埃塵
　　　　　道種將萠夏　　空華亟落春
　　　　　自歸三宝德　　誰畏六魔瞋

ちなみにこの詩の大意を記してみると、

（第一首）迦葉摩騰《かしょうまとう》はインドから漢の宮殿に見えたし、康僧会《こうそうえ》は呉の都に来られたが、そのご苦労や意義は鑑真和上に及ばない。和上は内に美徳を含み、遠く海を渡って来られた。和上の来朝によってわが僧界の戒網は厳整となり、寺々にはすばらしい人材が豊かとなった。仏道の真髄を究めようとすれば、教界には和上という立派な指導者がおられる。

（第二首）わたしは無知蒙昧《もうまい》な俗人で、長く煩悩《ぼんのう》の巷間にさまよってきた。だが、今朝大和上の善誘をこうむって、いだいていた迷いは塵埃《じんあい》を拭うように絶つことができた。それは悟りへの智が夏に萠え出るごとく、また迷いの華が春の終わりとともに落ちるごとくである。わたしはすでに仏法僧の三宝に帰依《きえ》した。誰があの煩悩の源である六魔の怒りを怖れようか。

と解されよう。

元開は弘文天皇（大友皇子）の曽孫、三船王（御船王）。養老六年（七二二）に生まれ、延暦四年（七八五）に六十四歳で卒した。石上宅嗣とともに「文人の首」と称され、天平宝字年間から平安遷都《せんと》のころまで、わが国漢文学の重鎮とたたえられる。『東征伝』を著した宝亀十年ころには大学頭と文章博士を兼ねていた。

幼くして出家し元開と称し、天平八年（七三六）に来朝した唐僧道璿《どうせん》に師事したという。天平勝宝三年（七五一）勅により還俗《げんぞく》して淡海真人の姓を賜った。これは翌年派遣される遣唐使に従って、藤原刷雄らとともに留学生として入唐《にっとう》するためとみられるが、病のために実現しなかった。この年、漢詩集『懐風藻《かいふうそう》』を撰集している。

天平勝宝六年（七五四）二月、遣唐副使大伴古麻呂《おおとものこまろ》が鑑真和上一行をともなって帰京した。元開はこのとき式部少丞《しきぶしょうじょう》の任にあったが、いつ和上に初めて謁したかは明らかでない。「詩並びに序」が作られたのは、その書きぶりからすると、むしろ和上や法進らとしばらく交渉があってからではなかったかと察せられる。

鑑真和上は入京まもない四月、先年落慶したばかりの大仏殿前に戒壇を築いて、わが国待望の正式授戒を果たされた。翌年には戒壇院が完成するが、元開は戒壇院の扉絵を描いたという。元開が絵にも長じていたのは注目される。

その期間がどれほどかはわからないが、すでに十余年にわたり道璿に師事し唐語にも通じていたであろう元開は、ここで和上や法進らと親しく言葉を交わし、仏教の専門的な教えをも受けたにちがいない。

他の人々の詩が遷化を悼む詩であるのに、ひとり元開のみが「初謁」の詩を付したのは、すでに『東征伝』中に和上の遷化を叙述した元開にとっては、高僧の来朝がもたらしたものへの感慨の方がより深かったのであろう。それを「初めて謁した」ときにことよせて詠んだのであろう。

石上宅嗣は和銅年間（七〇八―七一四）に左大臣であった石上麻呂の孫で、晩年に旧宅を捨して阿閦《あしゅく》寺とし、その一隅に外典《げてん》をあつめた「芸亭《うんてい》」は、わが国最初の公共図書館として知られる。芸亭居士《こじ》と称し、法号を梵行といった。能書家でもあったという。元開より七歳年下だが、位階昇進は元開より早く、のちに大納言にまでのぼる。鑑真和上との交渉は詳《つまび》らかではないが、元開を通してむしろ法進、思託と親交があったのであろう。桓武《かんむ》天皇即位の天応元年（七八一）五十三歳で薨じた。

藤原刷雄は藤原仲麻呂の第六子というが、生卒は詳かでない。天平勝宝四年に無位から従五位下に叙せられ、留学生として入唐。ときにまだ二十歳未満であったろうという。いつ帰朝したかは不明だが、一説には鑑真和上一行といっしょだったのではないかともいう。天平宝字八年（七六四）恵美押勝《えみのおしかつ》（藤原仲麻呂）の叛乱に坐し一族が斬殺されたとき、刷雄はひとり若くして禅行を修めたという理由で流罪とされた。のち許されて復し、延暦十年（七九一）には陰陽《おんみょう》頭に任ぜられた。唐招提寺食堂《じきどう》は仲麻呂家の殿舎が施入されており、刷雄が接点となったことも大いに察せられる。

高鶴林は新羅《しらぎ》貢朝使とともに訪れた唐の高官で、『続紀』によれば宝亀十年（七七九）十月に入京し、翌年二月に新羅へ去ったようだ。揚州へは宝亀八年の遣唐使によって和上遷化が伝えられたのだが、高鶴林は新羅へ赴いたあとだったのか、それを知らず、「日本に使するに因りて、鑑真和上に謁《えつ》せんと願うも、和上すでに滅度して尊顔を覩《み》ず、嗟《なげ》きて懐《かい》を述ぶ」と詠んでいる。詩の最後に、

法留千載住　名記万年春
（遺教は長く千載にとどまり、名声は万年の歴史にとどまるであろう）

とあるのは印象深い。

奈良時代には多数の漢詩文がつくられたという。ただ『万葉集』を編集したような人物が現れなかったために、それらが伝わらなかったと研究者を残念がらせている。そうした中で『東征伝』に付された詩は、この分野の様相をいささかなりと伝える役目をになっている。

7. 新田部親王邸を律院に

唐招提寺の地が、新田部《にいたべ》親王の邸宅あとであることはよく知られている。

鑑真和上の伝『東征伝』には「園地一区。故新田部親王の旧宅」といい、弟子の如宝《にょほう》が朝廷にさし出した奏状《そうじょう》には「没官地」と記され、また『戒律伝来記』には「奈良城右京五条二坊のうち、新田部親王家四箇町地ならびに房舎」を賜ったとある。

新田部親王は天武天皇の第七皇子で、天平七年(七三五)九月三十日に薨《こう》じているが(『続紀』)、その家は子の塩焼王《しおやきおう》に伝領されたようで、『東征伝』には「初め、大和上、中納言従三位氷上真人《ひかみのまひと》(塩焼王)の請いをうけて宅にいたり、ひそかにその土をなめ、寺を立つべきを知る――」とみえる。

新田部親王には塩焼王・道祖《ふなど》王の二人の子があり、ともにこの地に住んでいたとみられる。それが没官となったのは、弟の道祖王が天平宝字元年(七五七)七月、橘奈良麻呂の乱に坐して「右京の宅に囲まれ」「杖下に死」した。兄の塩焼王も関係したとみられたが、父の功により不問に付された。しかし反逆事件であったため、臣籍に降下して氷上真人の姓を賜り、宅地を他に替えられて、この地は没収されたのだという。『続紀』等によればその後塩焼王は、天平宝字二年八月従三位、六年には中納言に任ぜられたが、八年恵美押勝《えみのおしかつ》（藤原仲麻呂）の乱に際して、斬に処せられている。

新田部親王の母は藤原鎌足《かまたり》のむすめ、五百重娘《いおえのいらつめ》である。『万葉集』巻八にみえる「藤原夫人の歌一首」（一四六五）の註には「明日香清御原《きよみはら》宮の御宇、天武天皇の夫人なり、字《あざな》は大原の大刀自《おおとじ》といへり。すなわち新田部皇子の母なり」とある。新田部皇子がいつ生まれたかは不詳だが、同じ天平七年十一月に薨《こう》じた腹ちがいの兄、第三皇子の舎人《とねり》親王は享年六十歳というから、かりに五歳年下であったとすれば、新田部皇子の誕生は天武《てんむ》天皇八年（六八〇）ころと推量できる。

朱鳥《しゅちょう》元年（六八六）、天武天皇が崩御された後のことであるが、五百重娘は藤原不比等に嫁して（通じたともいう）藤原麻呂を生んだ。麻呂は不比等の第四子、持統《じとう》天皇九年（六九五）のことである。

『万葉集』巻三には「柿本朝臣《あそん》人麻呂、新田部皇子に献《たてまつ》れる歌一首并《ならび》に短歌」がみえるが、新田部親王自身の歌や漢詩類はひとつも残っていない。

記録にみえる叙位は、文武《もんむ》天皇四年（七〇〇）の「浄広弐《じょうこうに》」がはじめのようだ。養老三年（七一九）十月、舎人・新田部両親王は「皇太子の輔翼《ほよく》をつとめて宗室の年長の故」をもって、舎人親王（この年四十五歳、前年に一品に叙された）とともに内舎人、大舎人、衛士を賜った。舎人は種々の雑役使用人、衛士は行路の警備防ぎょにあてられる。

翌四年に藤原不比等が薨じると、舎人親王は「知太政官事」すなわち政治の最高責任者となり、一方の新田部親王は「知五衛《ちごえ》および授刀舎人《じゅとうとねり》」という宮廷の親衛隊を総轄する責任者となった。

聖武天皇即位の神亀元年（七二四）二月、舎人親王には封五百戸が加えられた。このとき新田部親王は一品に叙せられたが、五年七月に明《みょう》一品、大将軍となった。

天平元年二月、ひそかに左道《さどう》（あやしげな教えの道）をならい国家転ぷくをはかったとして長屋王《ながやおう》邸が包囲された。その翌日、新田部親王は舎人親王とともに長屋王を訊問し、長屋王は自害した。このとき長屋王は舎人親王と同じ五十四歳であった。

天平三年（七三一）には、畿内物管《そうかん》、諸道鎮撫使《ちんぶし》が新たに設置され、新田部親王は畿内大物管という最高の職についた。畿内の物管は護衛の兵士十人と騎兵三十人を従えて治安対策にあたるが、その上にたっての総指揮がゆだねられた。

天平七年九月三十日新田部親王が薨じると、聖武天皇は高安王《たかやすおう》らに葬儀のことを監護させ、舎人親王をつかわして弔った。その舎人親王も追うようにこの年十一月に薨じている。右の経歴でもわかるように新田部親王は、つねに舎人親王につき従うかたちで、皇族の長老として淡々と任を果した人であったようだ。『万葉集』巻十六にみえる「新田部親王に献ずる歌一首」にもその人がらがうかがえる。

勝間田の　池は我れ知る蓮《はちす》なし　然《しか》言ふ君に鬚《ひげ》なきごとし

この歌は親王家の婦人が詠んだ歌だが、これに付された註には、

右、ある人に聞けり。曰く、新田部親王、堵裏《みやこうち》に出で遊び、勝間田の池を御見《みま》して御心の中に感緒《めで》ましき。その池より還りて怜愛《かな》しむに忍《あ》へず。時に婦人に語りたまはく、今日遊行して勝間田の池を見しに、水影濤濤《とうとう》として蓮花灼灼《しゃくしゃく》たり。可憐断腸、言ふこと得べからずといふ。こゝに婦人、この戯歌《たわむれうた》を作りて、すなわち吟詠《うた》ひきといへり。

歌の方は、勝間田池に蓮があることを知りながら、わざと逆に言ったもので、研究者の説明によると、親王が「蓮」と「恋」が類音であることを踏まえて作者に「蓮あり」と言ったのに対して、そらした言葉だという。註に戯歌とあることから推して、親王はひげの濃い人であったろうともいう。

親王は池をみて深く感じ入り、帰ってからもしきりに嘆賞された。蓮の見事さは格別で、風趣の甚しさは腸が切られるほどの思いがして言葉につくせない、と語られた表現には、いかにも気まじめさがうかがえ、心やさしい人であったことが読みとれよう。

『続紀』には、天平宝字元年（七五七）の奈良麻呂の乱が塩焼王にも及んで、遠流に処されるところであったが罪が免ぜられた。その理由は「父の新田部親王は清明心をもって朝廷に仕えた人であり、その家門を絶つのは惜しい」からであったとある。ここに「清明心をもって」と表現されているのも、新田部親王の人となりを、よくいい得ている。

第二章　和上が伝えた律宗

1. 律宗のふるさとともいうべき終南山

終南山は律宗のふるさとともいうべき山である。

中国・西安市の中心部から七十キロほど南に、玄奘《げんじょう》三蔵ゆかりの興教寺があるが、神《しん》禾原《かげん》とよばれる平地を挟んで、さらに南にのぞまれる山が終南山である。

その名は『詩経』や『左伝』にもみえ、古くから険峻《けんしゅん》な山と知られていたという。大唐の都長安城は、いまの西安の六倍というから、当時の人々には、より親しい山として間近に仰がれたに違いない。

律宗の高祖道宣《どうせん》律師（五九六―六六七）は、二十数年にわたってこの山にこもり、多くの著述と実践をつまれた。道宣律師が南山大師と尊称されるのも、律宗が一名南山宗とよばれてきたのも、この山の名に由来する。

仏教は戒《かい》・定《じょう》・慧《え》の三学をもって構成される、とよくいわれる。規律のある生活を営み（戒）、心がよく落ちついて（定）、そこで正しい世界観がもてるようになる（慧）。仏教を修行する者が必ず修めなくてはならない、もっとも基本的な部類分けである。

中国では隋唐の時代に、慧学の面から三論・天台・華厳などの教学が成立したのに対して、定学の面では禅宗、戒学の面で律宗が生まれた。

といっても、わが国で今日「宗《しゅう》」といっているのとはニュアンスが違い、いわば学派・グループといった意味である。だから僧たちは、所属する寺は定められていたが、許しを得れば遠く諸州へ遊学して、明師《めいし》の講席に参加し学ぶことができた。いいかえれば当時の「宗」とは、教え導く側のグループであったともいえよう。

釈尊《しゃくそん》が入滅されて百年ころから、教団はいくつかに分裂し、紀元前後には二十もの部派《ぶは》となった。各部派はそれぞれの見解にもとづく教えや規律を、経蔵《きょうぞう》・律蔵《りつぞう》として集大成した。

中国には五世紀のはじめに、インド部派仏教の戒律のうち、「十誦律《じゅうじゅ》」「四分律《しぶん》」「僧祇律《そうぎ》」「五分律」の四種類が伝えられて漢訳された。はじめ長安を中心とする北地では僧祇律、長江流域の南地では十誦律が多く用いられたという。また、まだ四分律があまり研究されず内容が知られていなかったので、たとえ受戒は四分律によっても、実生活は十誦律によるというような、ちぐはぐなことがあった。

北魏《ほくぎ》孝文帝のとき、五台山（山西省）の法聡《ほうそう》は四分律を研究し、その弟子の道覆《どうふく》に師事した慧光《えこう》が『疏《しょ》』（解釈書）を著してひろめ、四分律が見直されるようになったという。

慧光（四六八―五三七）は律のほか華厳《けごん》・涅槃《ねはん》・維摩《ゆいま》など諸経の注釈書も著した学匠であった。その教えは道雲―道洪《どうこう》―智首《ちしゅ》、あるいは道雲―洪遵《こうじゅん》―洪淵《こうえん》―法礪《ほうれい》と受けつがれて、やがて唐初には「律の三宗」といわれるような盛況を呈し、もっぱら四分律が用いられるようになったのである。

三宗とは法礪律師の相部宗《そうぶ》、懐素《かいそ》律師の東塔宗、それに南山宗である。法礪律師は相州（河南省安陽）の日光寺に住したので、その住処にちなんで相部宗と呼ばれた。道宣律師より二十七歳の年長で、武徳九年（六二六）に『四分律疏』を発表してこれを講宣した。

懐素律師は道宣律師より二十九歳年少で、はじめ玄奘に学んだが中途で法礪律師に師事した。のちに法礪律師の疏を批判して『四分律開宗記』を書いた。長安西太原寺の東塔に住して、自著を宣布《せんぷ》した。

法礪律師の弟子満意《まんい》に学んだ定賓《じょうひん》は、懐素の主張に反駁《はんばく》して書を著したが、わが国から入唐《にっとう》留学した栄叡《ようえい》・普照《ふしょう》は、開元二十一年（七三三）洛陽の大福先寺でこの定賓から戒を受けている。

道宣律師は隋の開皇十六年（五九六）、丹徒（江蘇省丹徒県）に誕生された。大業六年

（六一〇）十五歳のとき、長安日厳寺《にちごんじ》の慧群《えぐん》について仏門に入り、翌年落髪得度《とくど》した。師の慧群はときに四十七歳、戒律に精通するほか、龍樹《りゅうじゅ》の教学や唯識・法華経にもくわしい名僧であった。ついで二十歳の大業十一年（六一五）、智首律師のもとで具足戒《ぐそく》をうけたが、智首律師も二十巻の『疏』を著した律の大家である。

大業十四年隋の煬帝《ようだい》は江都で弑《しい》された。唐の高祖李淵《りえん》は山西の太原から長安に攻め入って、この年五月に、みずから皇帝を称した。道宣律師の青年期は隋末唐初の激動の時期にあったのである。

武徳七年（六二四）日厳寺が廃されたため、道宣は師とともに崇義寺《すうぎじ》にうつったが、師の慧群や智首について、もっぱら戒律を専修した。

当時もっとももてはやされたのは天台の教学であった。天台大師智顗《ちぎ》は独自の教判《きょうはん》をたてるとともに、法華経に基盤をおいて、教学のみならず実践を重んじて、あわせ行うことを強調した。

仏教は経典として中国に伝えられたが、個々の経典がばらばらに伝訳されてきたため、系統だてた理解が求められ、経の優劣も論じられるようになる。智顗は、釈尊がどのように教えを説かれたかを時と内容から配列し、自らの理解を五時八教《ごじはっきょう》という教相判釈（教判）

として示した。そして法華経を最上の教えと位置づけ、その教えにもとづいて禅定修行する行法を打ちたてた。

江南からひろまった天台宗は、首都長安でも新鮮な教えとして迎えられていた。受戒をおえた道宣も、この天台大師の教学と習禅《しゅぜん》につよく心ひかれた。このころのことを道宣みずから記している。律を一遍聴講したところで、天台の教えを学ぼうとして師の慧群に強くたしなめられたという。

講律を聴くこと十遍、習禅に対する思いはなお断ち切れなかったが、師はまだこれを許さなかった。ときに智首律師から履読《ふくどく》（師の講義を代理で行う）を命ぜられたが、自信がもてず、断らざるを得なかった。自分の力不足をさとり、さらに十遍の聴講が重ねられたという。

二十遍に及ぶ聴講により、戒律が修行の根幹であることを自覚した道宣律師は、いくつかの課題と、それを解決することを使命とするようになった。ひとつには、戒律が生活のすべてにかかわるからには、中国という風土の中で実際生活に即したものとして、検討されなければならないということであった。

もう一方では、二百五十戒を守ることは僧侶の当然の義務とされたが、一部では、小乗の戒律であるとして軽視する風潮があった。そうした中で、大乗の仏教徒もそのまま守るべきであることを、どう理解させるかといったことも問題であった。

唐・貞観（六二七―六四九）の初めのころになって、こうした課題と使命をもった道宣律師は、慧群のもとを離れて、法礪をはじめ四方に戒律の明師をたずね、文献の蒐集《しゅうしゅう》と理解につとめた。その成果が、貞観四年（六三〇）に著された『四分律行事鈔』である。

この書はくわしくは『四分律刪繁補闕行事鈔《さんぱんほけつ》』という。繁雑なところは削り（刪繁）、欠けているところは他から補う（補闕）、四分律を中心とするが、他の諸律の長所もとり入れた、より現実的なものであった。

道宣律師が終南山に入ったのは、四十歳の貞観九年（六三五）ごろからと思われる。貞観十九年に玄奘三蔵が帰朝して、仏典の翻訳がはじまると、招かれてその上首として参加するが、翌年にはまた終南山に帰隠された。その後、高宗の顕慶《けんけい》二年（六五七）ころまで、山中にあってひたすら律部に関する著作に専念したようである。所住の寺としては、白泉寺・豊徳寺などがあげられるが、主に豊徳寺におられたといわれる。

律には広律《こうりつ》（律蔵）のほか、戒律を箇条書きにした「戒本《かいほん》」、日常行事の仕方・作法をまとめた「羯磨《こんま》」がある。道宣律師は『行事鈔』と符合する立場に立って、それぞれに註釈し『四分律含注《がんちゅう》戒本疏』『四分律刪補随機《さんぽずいき》羯磨疏』を著された。この三つの書はとくに三大部といわれて、律の要義をつくすものとして重んじられている。

さらに『四分律拾毘尼義鈔《しぶんりつしゅうびにぎしょう》』と『四分比丘尼鈔』を加えて五大部と呼ばれる。僧尼の戒律についての註釈はこれですべて備わったわけである。道宣律師はこれらを終南山におられる間に、ほぼ完成したといわれる。

顕慶三年（六五八）長安に西明寺《さいめいじ》が創建されると、道宣律師は高宗の召《め》しをうけて同寺の上座《じょうざ》となる。乾封《かんぷう》二年（六六七）七十二歳で遷化されるが、僧臘《そうろう》五十二歳の大半を終南山にこもられたわけで、律宗はこの山で大成されたのである。

2. 道宣律師と長安西明寺

南山大師道宣《どうせん》律師の代表的な寺は、長安西明寺《さいめいじ》である。

この寺は、大雁塔《だいがんとう》とともにいまも西安市にそびえる、あの小雁塔から二キロほど西の位置にあった。南山大師は創建とともに上座《じょうざ》として迎えられたもので、おられたのは七年余りであったが、大きな足跡を残しておられる。

『宋高僧伝』は大師の著作を二百二十余巻とされているが、宋の元照《がんじょう》律師は『南山律師撰集録』に五十七部・二百六十一巻をあげている。このうち律に関するものは二十一部・三十七巻であるから、その他の史伝・護法に関する著作がはるかに多数をしめた。律部が終南山での早い時期にまとめられたのに対し、これらはそのほとんどが西明寺で述作されたものである。

律の研究には、過去の事象が大きな意味をもつといわれる。律宗の確立をめざした大師には、仏教に関する過去の事実が鋭敏に感じられたのであろう。律の研究が進むにつれて、史伝に関する資料もおのずと蒐集《しゅうしゅう》されたにちがいない。それにしても大師の博覧強記《はくらんきょうき》には、ただ目をみはるばかりである。

その主なものは、僧伝を採録した『続高僧伝』三十巻、道士と仏教徒との論争をあつめた『古今仏道論衡』四巻、六朝《りくちょう》から唐初におよぶ護法関係の文集である『広弘明集《こうぐみょうしゅう》』三十巻、仏舎利や経像・僧俗の感応《かんのう》の事蹟をまとめた『集神州三宝感通録《しゅうしんしゅうさんぽうかんつうろく》』三巻などである。

唐代は仏教が隆昌をみるが、一方では皇室が李氏姓であるところから、皇帝は老子の子孫であり、道教は祖先の教えであるとして、尊崇保護された。ために道教側の働きかけによる仏教への圧迫に対して、常に論陣をかまえて護法に気を配る必要があった。

大師の著作も、歴史を正しく把握し護法につとめるためのテキスト、といった配慮が濃厚であった。今日も、仏教と儒教《じゅきょう》・道教の三教交渉史に関する重要な記録として、中国思想史研究に欠くことのできない文献とされている。

西明寺は、高宗がその子の孝敬太子の病気平癒を祈って、長安右街の延康坊に建てたもので、顕慶《けんけい》元年（六五六）二月に発願《はつがん》され、翌年六月に落慶したという。

この寺については故小野勝年博士や故堀池春峰氏の詳しい論究があり、示唆に富む。高宗ははじめ、この地に仏寺と道教の寺（道観）を並べて建てようとし、玄奘《げんじょう》三蔵に命じて測地をさせた。しかし両方を建てるには狭いとして、西明寺だけが建てられた。

寺はその名のごとく、西方《さいほう》すなわち仏教に明るい寺、あるいは西方の教えを明かす寺として、伝来の梵経《ぼんきょう》を漢訳する訳場として企図されたようである。それとともに、仏教界屈指の学僧や渡来僧の止住《しじゅう》により、さまざまな仏教の教えを学ぶ総合学園としての機能をめざしたものであろう。

西明寺が成ると、すぐさま玄奘三蔵の翻訳が開始され、そのために五十人の高徳の僧が選ばれ召請されたという。新寺にふさわしい、活気に満ちたわけだが、なぜか一年余りで訳場は玉華宮《ぎょっかきゅう》に移り、五十人の翻経の大徳も多くは西明寺を去ったらしい。寺の北西には西市《にしいち》があって連日にぎわったから、訳場としてふさわしくなかったなどとも考えられる。

しかしその後も時に応じて、西明寺での訳経事業は行われている。私たちになじみのあるお経を拾ってみても、永淳二年（六八三）にはインド僧仏陀波利《ぶっだはり》が『仏頂尊勝ダラニ経』を訳している。また義浄《ぎじょう》は、二十五年間インドに留学し、まだ伝わっていなかった説一切有部《せついっさいうぶ》所伝の律蔵をはじめ、多数の梵本を請来したが、長安三年（七〇三）有部《うぶ》律に関するものとともに『金光明最勝王経《こんこうみょうさいしょうおうきょう》』を訳した。この経はのちにわが国で盛んに用いられている。開元四年（七一六）にはインドの善無畏《ぜんむい》が『虚空蔵求聞持法《こくうぞうぐもんじほう》』を訳している。

こうした翻訳僧の止住、異邦人との接触は、西明寺をして国際的な雰囲気の寺としたたちがいない。

中国では寺の責任者として、上座《じょうざ》・寺主《じしゅ》・維那《いな》という三綱《さんごう》が置かれる。上座は教学的最高指導者であり、寺主はその寺の管理運営の総括責任者、維那は寺主の命に従って処務を司る役といったところである。西明寺では上座の南山大師のほか、寺主に神奏《しんそう》、維那には懐素《かいそ》が任じられた。

神奏はその伝明らかではないが、玄奘三蔵が訳経事業をはじめた当初から証義《しょうぎ》としてその名がみえる。玄奘門下の英才で、唯識《ゆいしき》教学の述作は、わが国でも必修の書とされた。寺主となったのは玄奘の推薦によったものと考えられる。

維那となった懐素は、ときに三十五歳。のちに『四分律開宗記』を著して、律の一派である東塔宗の祖とされるが、それは上元三年（六七六）に崇福寺《すうふくじ》（西太原寺）に移ってからのことである。のちに『倶舎論疏《くしゃろんしょ》』も著すなど、律のほか玄奘の門にも通じて頭角を現しつつあったのであろう。もっとも懐素が西明寺にいたことはないという説もあるが、いまはこれまでの通説にしたがう。

これらから、西明寺の教学が律学と法相《ほっそう》を中心としたことが容易に察せられるが、言い換えれば、当時の長安仏教界の主流でもあった。

このほか南山大師の学風をうけ『法苑珠林』百巻や『四分律討要』を著した道世《どうせい》、法相の学匠で多くの述作のある円測《えんじき》は、ともに『宋高僧伝』に「西明寺」と冠せられているように、この寺にあって活躍した人である。

南山大師は麟徳《りんとく》元年（六六四）、聖教《しょうぎょう》目録として『大唐内典録《だいとうないてんろく》』十巻を編纂された。これは西明寺の経録はすでに何種類かあったが、それらを参考にしつつ欠を補ったという。これは西明寺の経蔵を充実させる計画と密接な関係をもっていたようである。

東大寺に蔵される『華厳経』奥書の願文《がんもん》には「西明寺菩提院東閣」とあり、菩提院という一院に付属して、東閣と呼ぶ経蔵があったことが知られる。顕慶三年以来、経律論集伝をあつめた『大蔵経』七九九部・三三六一巻が書写されたというから、これらは東閣とよぶ経蔵に収納され常備されたのであろう。

このあとも新訳・新著が蒐集され、学僧の研究に参考とされた。目録の編纂はこれに呼応したものと思われ、蔵経類の整備こそは、西明寺を諸宗の総合学園としようとする南山大師の意図が大きく作用したものといえよう。

西明寺の寺風は、わが国にも伝わり留学僧が止宿《ししゅく》を希望する寺となったようだ。西明寺止住《しじゅう》の確証はないが、養老二年（七一八）に十七年の留学から帰国した道慈《どうじ》は、それを思わせるもっとも早い時期の人である。それは『金光明最勝王経』『虚空蔵求聞持法』を請来していることによる。ことに後者は、道慈が帰国する前年に西明寺で訳出されたのであり、道慈はこの寺にいたからいち早く披見《ひけん》し書写し得たものと考えられる。

平安時代に入ると、永忠・空海・円載・円珍・真如法親王・宗叡《しゅうえい》らの西明寺止住が明らかであるが、なかでも永忠・空海には意義深いものであった。

永忠は宝亀七年（七七六）に入唐《にっとう》し、延暦二十四年（八〇五）まで留学するが、帰国にあたり、久しく寄住していた西明寺の宿房を空海に譲ったという。また多くの聖教を請来したようで、晩年近江の梵釈寺別当となったとき随身《ずいしん》した聖教を記す『梵釈寺目録』は、承和二年（八三五）正月、勅旨によって国ごとに書写されている。

永忠の配慮によって西明寺に止宿した空海は、寺の僧から青竜《せいりゅう》寺恵果《けいか》を紹介された。そして、この出会いが、わが国に真言密教をもたらすこととなった。当初二十年の在唐予定がわずか二年で帰国し得たのも、西明寺寄宿と菩提院東閣の整備された蔵経が大いに寄与したものと思われる。

南山大師は麟徳元年以後、健康すぐれず、再び終南山のふもと浄業寺《じょうぎょうじ》に遷《うつ》られたようである。授戒を行う戒壇はこのようであったと示す『祇園寺図経』『戒壇図経』を撰述されると、これにもとづいて乾封《かんぷう》二年（六六七）二月、浄業寺に戒壇を築き、授戒を行った。南山律宗の集大成を実際に示されたものといえる。その年十月三日、七十二歳をもって遷化《せんげ》された。

大師の遷化を知った高宗は、像を図して奉祀《し》し、その道風を追仰した。また、代宗は大暦十一年（七七六）、西明寺の道宣律師の堂に、毎年香一合をおくり国のために焚《た》いてその徳をたたえるよう命じている。懿《し》宗は咸通十年（八六九）「澄照《ちょうしょう》大師」と追諡《ついし》して、その高徳をたたえた。

西明寺は、会昌《かいしょう》五年（八四五）の武宗の廃仏にさいしても、慈恩《じおん》・薦福《せんぷく》・荘厳《そうごん》の各寺とともに存続を許された。

3. 僧伽のありかた

日ごろ私たちは何げなしに「僧」という言葉を使っている。仏教を信奉し出家した人を指していうのだが、これは中国で慣用された呼称が、わが国に伝えられたもので、その来由をさかのぼると、いささか意味あいを異にしていることを知る。

仏教発祥の地インドでは、修行者ひとりひとりをいうときは、比丘《びく》とか沙門《しゃもん》という語が用いられ、僧という語はなかったようで、漢字の「僧」が用いられたのは「僧伽《そうぎゃ》」である。僧伽と音訳されたサンスクリット語の「サンガ」は「和合衆」あるいは「衆」などと意訳される。インドで古くから「集い、群れ、団体、組合」などを示すのに用いられ、これが仏教にもとり入れられて「教団」を指す用語となった。『大智度論《だいちどろん》』巻三に「僧伽、秦《しん》に衆《しゅう》という。多くの比丘、一処に和合する。これを僧伽となづく」とあるように、元来は同じ教えを信奉する人々の集団、つまり「教団」をいったものである。

従って、私たちが安易に「僧」というのは、インド仏教などを専攻する人々にはよほど気になる呼称のようで、たとえば原始仏教研究者の故友松圓諦氏は、

「僧伽」と正しくいうべきを、「僧」と略称する。今日では、この「僧」という梵《ぼん》語の一半をば、「僧尼」というような場合には、人間個人をさして言っているが、これは正しい呼称ではない。僧伽の一部分をとって、「僧」と略称している以上、やはり仏陀の弟子仲間の組合をさしたことにちがいない。今日ではまったくまちがってつかわれているので、仏教の正しい理解の邪魔にさえなるのである。僧伽は中国人の翻訳によると、「衆」といっているが、これは正しい訳である。だから、僧伽はあくまでも複数でなくてはならぬから、「僧」「小僧」などというつかい方は意味の混雑をさそっている。（『仏陀の教え』講談社学術文庫。文中の「僧伽」にはすべて「さんが」とふりがなしておられる。）

とまで述べられておられる。

だがいわゆる僧という言葉も、相当早い時期に慣用され、おそらくわが国へも仏教伝来の当初から伝えられたと考えられ、それなりの歴史がある。ここで私たちが認識しておかなければならないのは、その背後にはつねに「僧伽」があることであろう。

よく知られる三帰依文《さんきえもん》「弟子某甲《むこう》、帰依《きえ》仏、帰依法、帰依僧」は、出家在家を問わず仏教徒が受持しなければならない誓いである。戒を受ける際の基本的条件でもあるから「三帰戒」ともいう。ここにいう「僧」も僧伽の意である。大切な誓いであるから、某甲とあるところは自分の名を唱えるのが本来だが、それをきちんと教える人も少なくなってしまっている。また、聖徳太子の十七条憲法の第二に「篤く三宝《さんぼう》を敬え……三宝とは仏・法・僧なり」というのも、僧伽をさすものであることを知らなければならない。

ちなみに私たちがよく使う「伽藍《がらん》」も、サンスクリット語の「サンガーラーマ」を音訳した「僧伽藍摩《そうぎゃらんま》」「僧伽藍」の略である。衆園、僧園などと意訳される。僧衆が集い修行する清浄な場所という意味で、のちに寺院あるいはその主要な建物群をいうようになった。

原始仏教時代には、出家者である比丘（沙弥《しゃみ》を含む）の集団を比丘サンガといい、その人数は四人以上とされた。三人以下ではサンガとならず別衆とも呼ばれた。比丘尼《びくに》（沙弥尼・式叉摩那《しきしゃまな》を含む）の場合も比丘尼サンガといって、それぞれ共同して生活を営んでいた。これを「現前僧伽《げんぜん》」という。これに対しサンガのすべてを観念的に一つの集団としてとらえたものを「四方僧伽《しほう》」という。

僧伽は、まず釈尊《しゃくそん》の弟子として出家した比丘たちの集団として出発したが、やがて釈尊の教えの信奉者としての在家信者たちが加わる僧伽となり、さらに女性の出家者、比丘尼の制度ができて、出家者集団と在家者集団をそれぞれ男女に区分し「四衆《ししゅう》」とよんだ。

また、出家者で二十歳に満たない予備段階の沙弥・沙弥尼・式叉摩那とを加えて「七《しち》衆《しゅう》」とよぶ組織となった。

　このような区分が何を基準に定められるかといえば、それは受戒の多少、すなわち五戒・二百五十戒、沙弥の十戒というように、それぞれが受得した戒律の数である。それが規則にかなった如法《にょほう》に守られて、はじめて僧伽は円滑に運営される。つまり僧伽と戒律は切り離せない関係にあり、僧伽の成立運営は戒律の伝持と表裏をなしている。

　わが国の場合、正式な授戒が行われたのは鑑真和上の来朝を得た天平勝宝六年（七五四）である。欽明《きんめい》天皇七年（五三八）の仏教公伝《こうでん》から、実に二百二十余年たってからのことである。それまでは、いかに造寺造仏がさかんとなり、朝廷認許の出家者の数がふえても、まだ本来の僧伽は成立していなかった。それは、ひとえに正式な授戒が行われなかったからである。

　このことは、中国で慣用されたいわゆる「僧」の呼称が、その奥に僧伽があることが認識されないままに、単に出家者個人の呼び方として受け入れられたところに起因しているといえよう。

　わが国の出家者は、蘇我馬子《そがのうまこ》が弥勒《みろく》石像を供養するために三人の女子を百済《くだら》に送り、学問尼《ものならふあま》として戒律を学ばせたのが最初といわれる。三人は百済で約一年半ほど学び、尼となって崇峻《すしゅん》天皇の三年（五九〇）に帰国し桜井寺に住寺したとされる。

馬子が最初に派遣したのが女子であったというのは、尼をよほどシャーマン的なものととらえていたからであろうか。

馬子は三人を百済へ留学させるに先だって、出家について百済僧に尋ねている。そして、出家とはただ剃髪《ていはつ》して袈裟《けさ》を身にまとう外見にあるのではなく、十師立ち会いの受戒をしなければ、如法の出家ではないという条件があることを教えられたという。

馬子がもし男子を留学させていたら、わが国の仏教の流れももう少し変わっていたかもしれない。だが、戒律の伝持からいって、馬子はいちばん困難な道を選んでしまった。なぜなら、帰国した尼は三人だから到底如法の尼を生み出すことはできない。かりに、たとえ尼十人がそろったとしても不可能である。比丘の受戒には十人ないし五人の比丘がたずさわるが、尼の場合は、まず尼寺で尼僧たちに随《したが》って尼としての儀式をすませ、その後さらに僧寺で比丘たちに随って受戒を行うのが、正しい法だからである。馬子が尼をえらんだことには何か事情があったのであろうか。

4. 半月ごとに自己を省みる

鑑真和上の来朝によって、わが国にもようやく僧伽《そうぎゃ》が成立したことは前項で述べたが、僧伽の基幹をなす行事が「布薩《ふさつ》」である。

布薩は説戒《せっかい》ともいわれて、毎月二回、陰暦十五日の満月と三十日の新月の日に、定められた地域（あるいは寺）の衆僧《しゅそう》が一堂に集まって、半月間の各自の行いを反省する儀式であるが、単なる儀式ではない。

衆会《しゅうえ》の中の上座《じょうざ》が波羅提木叉《ばらだいもくしゃ》（戒本＝戒を箇条書きしたもの）を唱えあげると、ひとりひとりはその戒法に背向くような言動はなかったかと反省する。何らそむいたところがなければ沈黙していればよく、もし違背したところがあれば、自発的に衆僧の前に発露《ほつろ》（告白）懺悔《ざんげ》し、適当な処置を仰ぐことになる。

比丘たちが戒律を実際に守っているかどうかは、僧伽の存亡にもかかわるから、この集会は僧伽の重要な行事である。最低四人の出席によって成立するが、定められた地域内の比丘は病気でない限り必ず出席する義務があり、資格のない者は遠ざけられる。

インドでは古来、六斎日《ろくさいにち》に不浄をさける断食物忌《ものい》みの風習があり、それを仏教に篤《あつ》いマガタ国のビンビサーラ王が釈尊《しゃくそん》にすすめて、仏教の行事の一つとしてとり入れられたのが起源といわれる。

六斎日とはこの布薩の日を含めて、毎月八日・十四日・十五日・二十三日・二十九日・三十日、つまり満月と新月の当日とその前夜、それに満月と新月の中間の日で、計六日をいう。僧俗共通の祝祭日であるともいわれる。祝祭日というと誤解されそうだが、この日には在家信者も清らかに過ごすことを心掛け、集まって法話を聞き食事をともにする、まさしく法悦にひたれるよろこばしい日である。この日在家信者は八斎戒《はっさいかい》を守る。

八斎戒は、在家信者が一日一夜持《たも》つ戒法で、①生きものを殺さない。②盗まない。③性行為をしない。④うそをつかない。⑤酒を飲まない――の五戒のほか、⑥高く広い寝台に寝ない。⑦化粧をせず装身具を着けず、歌舞を見聞きしない、の七種の戒と⑧正午以後は食事をしない（斎戒）――で、出家生活を一日だけ行ずる形式をとる。

わが国では仏教が伝来して百年、朝鮮半島から多数の僧を迎えたが、戒律面での教化のあとはほとんど見いだせない。そんな中で、唐で戒律を研さんした人に道光《どうこう》がいる。白雉《はくち》四年（六五三）道昭《どうしょう》らとともに学問僧として入唐《にっとう》し、天武天皇六年（六七七）に帰朝したというから、二十五年にわたり唐に学んだことになる。当時は、唐初に勃興した律の三宗（南山宗、相部《そうぶ》宗、東塔宗）が、それぞれ教学宣布《せんぷ》にしのぎをけずっていた。主流をなす南山宗は開創者の道宣《どうせん》律師（五九六―六六七）が健在で、仏教界のリーダーとして活躍の最中である。入唐した道光も道宣その人から親しく教えを受けたにちがいない。道宣の主著『四分律行事鈔』をはじめてわが国に請来したというのもうなずける。

帰朝するとすぐさま道光は勅《みことのり》により『依四分律抄撰録文《しぶんりつしょうせんろくぶん》』を著したという。その後も四分律による生活規範をととのえることに努力したと思われる。しかし授戒をはじめ戒律を定着させるには至らず、その知識はむしろ僧尼令《そうにりょう》の制定に益する結果となったようだ。

僧尼令は大宝律令《たいほうりつりょう》（七〇一）にみられるが、それに先だつ飛鳥浄御原令《きよみはらりょう》（六八一）にもあったといわれる。その手本となったとされる唐の「道僧格《どうそうかく》」（道教・仏教の僧尼取締令）には、仏教の戒律も参酌《さんしゃく》されている。わが国の律令編纂者がこれを理解する上で、戒律専門家としての道光の存在はまことに貴重だったにちがいない。『日本書紀』によれば持統天皇八年（六九四）四月十七日「律師道光に賻物《はぶりもの》を贈らる」とある。賻物とは喪主への贈りものをいうから、道光が卒したことを意味するのであろうか。

その後、鑑真和上の来朝まで、わが国の僧尼を律したのは僧尼令であったといえる。僧団はもっぱら政府による統制にゆだねられていたのである。だが道慈《どうじ》（?—七四四）など多くの入唐僧の帰朝で戒律典籍がそろう一方、唐朝における仏教教団の実際が知られるようになって戒律への認識ももたれるようになった。それはまた、戒師《かいし》招請への機運となり、天平五年栄叡《ようえい》・普照《ふしょう》らの入唐留学、その帰国する遣唐船での道璿《どうせん》・菩提僊那《せんな》らの来朝となる。

天平十年に出されたとみられる詔《みことのり》には「国毎に僧寺を造り、必ず廿僧あらしめ、……尼寺には一十尼を置き、……両寺相共によろしく教戒を受くべし。……その僧尼は毎月八日必ずまさに最勝王経《さいしょうおうきょう》を転読し、月の半ばに至る毎に、戒羯磨《かいこんま》を誦《じゅ》せよ……」（『類聚《るいじゅう》三代格《さんだいきゃく》』）と、諸国に国分寺を設置してそこで行われるべきことを命じている。羯磨とは作法（のテキスト）といった意味で、玄奘《げんじょう》三蔵訳の『菩薩戒羯磨文《ぼさつかいこんまもん》』をさしたものであろう。ともかく、まがりなりにも布薩が行われるようになった。

やがて鑑真和上により正式な授戒が行われるに伴い、布薩も本格的に教導されたものと思われる。和上とともに来朝した法進《ほっしん》は二つの布薩作法を撰述している。『東大寺要録』にみえるが、一つは『布薩戒師作法』で「但し小乗《しょうじょう》、十四日及び廿九日これを行う」とある。もうひとつは『大乗《だいじょう》布薩作法』で「十五日及び晦日《みそか》これを行う」とあり、大乗・

小乗の布薩が平行して行われたことが知られる。法進は和上のあとを継いで戒壇院戒和上になった人である。その撰述年次は不明だが、あるいは早く鑑真和上が戒壇院におられる時にまとめられ、実用されたかもしれない。これが手本として広く書写され、諸寺で用いられたのであろう。

さらに『続日本紀』巻二十、天平宝字元年（七五七）閏八月二十一日の詔は、布薩がすでに制度化されていたことをうかがわせる。

聞くところによると、仏法を護持するのに律より尊いものはなく、戒を修め導くのは、礼儀をひろめることがなにより大切である。そこで官の大寺に、従来の寺田とは別にそれぞれ戒本師田十町を設けることにする。今より後は、布薩をするたびに、常にこの田から上がる利益をもって僧侶への布施の物にあてよ。どうかこれにより怠慢な僧尼らは毎日精神を励まし、勤めにはげんでいる僧尼らはますますその行いを向上させるようにと期待する。このことを僧綱《そうごう》に告げて、朕《ちん》の意図を理解させせよ。（直木孝次郎氏ほか訳―平凡社・東洋文庫）

とある。布薩が末永く行われることを期待して、その経済的裏づけとして官大寺に「戒本師田」が与えられるに至った。

布薩の制度化が鑑真和上によってなされたという直接史料はいまない。しかし永観二年（九八四）に書かれた『三宝絵詞《えことば》』（巻下、僧宝の五）に、

月ごとの十五日、三十日に寺々に布薩を行う。鑑真和尚の伝え給えるなり。……和尚はじめて奏して布薩を東大寺に行う。こののち所々に弘《ひろ》まれり。……

という。

5. 浄域を定める結界

県道から唐招提寺南大門《なんだいもん》へ通じる道の秋篠川《あきしの》を渡ったところ、つまり唐招提寺境内の東南隅に「大界東南外相《げそう》」と刻された標石がある。これが結界石《けっかい》とよばれるもので、ほかの三方の隅にもたてられている。東西南北どこからどこまでが、起居する僧の区域であるかを標示したもので、古来、南都諸寺にはどこの寺にもあったものである。

唐招提寺の場合、金堂《こんどう》の西方、戒壇を囲む土塀の外側の四隅にはそれぞれ「大界内相」、さらに石造戒壇の四隅には「戒場外相」と刻された結界石がある。戒壇は授戒だけでなく、布薩《ふさつ》の場としても用いられるから、その区域を標示したもので、もちろん東大寺戒壇院にもみられよう。

衆僧《しゅそう》が過ちを犯すことなく戒律を保つことができ、教団の秩序を維持するためと、一定の秩序を維持するために、一定の区域を限ることを「結界」という。文字通り、限定をもうけて一つの界を結ぶという意味だが、原語は「シーマー・パンダ」、断界とも訳される。初期の僧伽《そうぎゃ》では、衆僧たちは一定の住居にとどまらずに遊行《ゆぎょう》するのが原則であった。しかし半月ごとの布薩のために一堂に参集しなければならない。布薩とは前項のごとく、半月間に戒律を犯さなかったかを反省し、各自があらたに自己を戒める重要な行事である。従ってだれもが必ず帰ってこられる区域を画して、その僧伽の行動範囲とされた。実際には、山や川など地理に即して定めることが多く、これを「自然界《じねん》」といった。一方、伽藍《がらん》や戒壇など人為的に構築し作法によって区切られた場所を「作法界」という。唐招提寺の境内がそれぞれに結界されているのは、これによる。

法華寺には叡尊《えいそん》上人が書かれた『法華寺結界記』が蔵されている。叡尊上人の七百回忌を記念して奈良国立博物館で行われた「西大寺展」に出陳されたが、上人が尼衆授戒を行うに先だち、法華寺を結界した記録である。宝治三年（一二四九）、正元元年（一二五九）、文永二年（一二六五）、文永九年（一二七二）の記録が収められており、その都度臨時の戒壇（戒場）を結界したものと考えられるが、授戒作法の実際を示すものとして、貴重なものである。

このように授戒・布薩などの行事や、衆僧の起居の場を定める結界は「摂僧界《しょうそう》」とよばれるが、律蔵にはこのほか「摂衣界《しょうえ》」「摂食界《しょうじき》」というのがある。

およそ比丘《びく》・比丘尼《びくに》が身にまとうのは三衣、つまり三種類の袈裟であるが、これをどのようなときも離して生活してはならないというのが定めである。しかし大衣《だいえ》と通称される僧伽梨衣《そうぎゃりえ》はかさばり持ち歩くことが困難な場合もある。そこである一定の地を結界して、そこではこの衣をもたないことを許されるのが摂衣界である。

また摂食界では、食物の貯蔵や煮炊きをする場を結界することで、僧が自らの居所で食物を煮るという過失を犯さないために、その内でならば食物を煮炊きしても罪にならない場を定める。

以上が律典にみられる種々の結界だが、唐に南山律宗を開かれた道宣《どうせん》律師の著『行事鈔』では、「結界方法篇」として、実際のやり方などをくわしく説いておられる。

密教では「道場結界」といって、修法《すほう》の道場を結界したり、「壇上結界」といって修法壇の四囲を結界する。密教寺院で護摩《ごま》壇や大壇といって、金剛線とよばれる五色の綱をめぐらせた正方形の壇をよく見かける。密教での修行者は、この壇上を自分の心そのものと観じるから、諸々の魔ものが近づかないよう、種々の印《いん》(手指をいろいろに組み合わせ結ぶ)と明《みょう》(真言＝梵文の呪文)によって結界する。

まず「浄地」で壇上を浄《きよ》め、「金剛橛《こんごうけつ》」といって壇の四隅にクイを打ち込む。次に「金剛墻《しょう》」といってカキネをめぐらし、大日如来の宮殿すなわち道場を観想する。さらに、

「宝車輅《ほうしゃらく》」によって聖衆《しょうじゅ》を車にお乗せして壇上に迎え、「金剛網《もう》」をかぶせ、最後に「金剛火院《かいん》」の印明《いんみょう》によってその道場を囲んでしまう。このように厳重に結界したうえで、ねんごろな供養と祈願を念じ、宝車で送ったあと、結界を解き修法が終わる。

高野山が弘法大師によって結界されたことはよく知られる。大師は弘仁七年（八一六）六月に嵯峨天皇に上表してこの地を乞《こ》い、勅許されるとまず弟子の泰範《たいはん》・実恵《じつえ》らを遣わして開墾し、翌年秋に自ら入山して七里四方、一里は約三・九キロというから約二十八キロ四方を結界した。これが「国土結界」とよばれるもので、『性霊集《しょうりょうしゅう》』に収められている「高野山に壇場を建立して結界する啓白の文」には、

――金剛軍荼利《ぐんだり》菩薩の法に帰して、七日七夜作法結界し、懺悔礼拝《ざんげらいはい》す。この院内にありて、東西南北四維《しい》上下に、あらゆる一切の正法《しょうぼう》を破壊せん毗那耶伽《びなやか》、諸の悪鬼神等は、みなことごとくわが結界の処、七里の外に出で去れ――

とある。毗那耶伽とは障碍《しょうげ》する悪魔のこと。これによって高野山が密厳（秘密荘厳＝真言密教の究極の境地）の聖地と定められた。

高野山はかつて、永らく「女人禁制」であった。それが弘法大師の結界作法によって直ちになったのかどうかは不明だが、後世、刈萱堂《かるかやどう》にまつわる哀話はよく知られている。一

方、高野山に上れない女性のために、室生寺《むろうじ》がいわゆる「女人高野」とされたのは、いわばひとつの便法として生じたのであろう。

元来、結界は僧団の秩序のため、そこに参加する衆僧たち自身の守るべき区域を定めたものだった。それがのちには、修行のさまたげになるものが入ることを許さないための境界線を画するといった意味になり、「女人結界」といったものにもなった。だが、もとより釈尊《しゃくそん》の教えに、女性は魔性などといった思想は一毫《いちごう》だにない。

私たち日本人の仏教は、自然界をも含めて、神仏への畏怖《いふ》が土台となっている。この畏怖感が、より清浄であることを求めるのだが、自己よりも他に求めがちな日本人の性向が、結界のありようを変貌させたともいえる。

6. 全員の意思で決める羯磨

まだ世界には読み書きできない多くの人々がいる。ところがわが国ではぜいたくなことに、文字ばなれなどと称して、めんどうな漢字に出合うと、読むことを拒否するという風潮がある。

羯磨という文字もそのひとつであろう。「コンマ」あるいは「カツマ」とよむ。律宗など南都《なんと》では「コンマ」といい、天台・真言宗などでは「カツマ」というのが慣《な》らわしとされる。

羯磨はサンスクリット語の「カルマン」を音写した語で、密教法具の名称は別として、業《ぎょう》・行為を意味する。教理でいう「業《ごう》」と区別して、羯磨《こんま》とそのまま用いる場合は、もっぱら戒律用語としていわれ、僧伽《そうぎゃ》の議事決定の仕方・決議をいう。その議長役となる比《び》丘《く》を羯磨師《こんまし》といい、戒律によく通じている人が選ばれる。

僧伽については前述しているが、釈尊《しゃくそん》在世のときから、現在そして未来をも通じての教団を、四方《しほう》僧伽という。それに対して、いまここに現にある比丘の集まりを現前《げんぜん》僧伽という。ある地域を結界して界をつくり、その中に四人以上入れば、そこに現前僧伽が成立する。

しかし、四人の僧伽ですべてのことができるわけではない。かつて比丘たちは遊行《ゆぎょう》を常としたが、雨期の三カ月は一カ所で集団生活することを許された。これを雨安居《うあんご》・夏安居《げあんご》とよび、その最終日に反省会をひらき、これを自恣《じし》とよんだ。後世もこの習慣は継承された。僧伽が羯磨を行おうとする場合、安居終了時の自恣の儀式には五人以上、具足戒《ぐそくかい》を受ける新比丘の受具には十人以上、教団追放の処分を受ける波羅夷罪《はらいざい》の決定や、二番目に、僧伽には残れるが定められた処分をうける重罪の僧残《そうざん》に服していた者が、もとに戻ることを認める決定には二十人以上の比丘数が必要である。

どうしても周辺に比丘がいない場合の方法に心念法《しんねんほう》、対首法《たいしゅほう》がある。心念法はただ一人の場合に、行おうとすることを自ら宣するのだが、心の中で思っているだけではダメで、必ず声を出して言うこととされている。また対首法とは相手を定めて面対して告げるもの。この二つの方法は僧伽をなさないから別法といわれ、ごく細かいことがらの場合に限られる。

僧伽における羯磨は、議決されるべき議題の重要度によって、単白《たんびゃく》羯磨、白二《びゃくに》羯磨、白四羯磨《びゃくし》の三種にわけられる。ここに白《びゃく》というのは、決議文・議案を告げる、提出するといった意味である。

単白羯磨とは、白する（議案を告げる）だけで成立する場合で、托鉢《たくはつ》に出るとき、剃髪《ていはつ》のときなど、日常行事や決まっていることをする場合に行われる。

白二羯磨は、議案を提出（白）した後、それについて一回賛否を問う羯磨説《こんませつ》という決議で反対がなければ成立するもの。一応僧伽全体の承認を求めるが、それほど重大でない場合に行われる。

白四羯磨は、白について三回くり返し賛否を問う（羯磨説）「一白三羯磨」ともいわれる。

大徳《だいとく》僧聴きたまえ。是の某甲《むこう》（受者の名）は和尚某甲（和尚僧の名）に従いて受具足戒を求む。某甲は今、衆僧《しゅそう》に従いて受具足戒を乞う。和尚は某甲なり。某甲は自ら清浄にして諸難なしと説けり。年は二十に満ち三衣《え》と鉢《はつ》は具せり。若し僧に時到らば、僧は今某甲に具足戒を授く、某甲は和上なり。白は是の如し。

と白を述べる。この白についいて賛否を求める羯磨説はこの白文《びゃくもん》をくり返すが、終わりの「白はこの如し」のところを、

誰《だれ》か諸長老にして「僧は某甲に受具足戒を与う。和尚は某甲なり」を忍するものは黙

然せよ（賛成する者は沈黙せよ）。誰か忍せざるものは説くべし（異議あるものは発言せよ）。これ初羯磨なり。

と述べる。この羯磨説が第二、第三と三度くり返されても沈黙（賛成）が続き反対の発言がなければ、白文にいう議題は決定されたことになる。

僧は已に某甲に受具足を与え終れり。和尚は某甲なり。僧は忍して黙然せる故に、是の事を是の如くに持す。

と成立を報告する。

大乗戒では戒師が一条一条、戒条を説いて「汝、持《たも》つや否や」と問いかけ、受者は「よく持つ」と答えるのだが、原始仏教の教団では二百五十戒をいちいち読みあげることはせず、右のようにただ教団に入ることを許すかどうかだけが決められた。このように決定され実行される集団のすべての行為は、僧伽羯磨とよばれる。

自ら告白し、決められた処分に服したのちに衆僧の中に復帰することを「出罪」という。明らかに犯戒していながら、出罪しない比丘があっては、僧伽の運営に支障が生じる。また、放置すればやがては軽罪から重罪に発展するような場合に適用するものに次のような羯磨がある。

一つめは、呵責《かしゃく》羯磨といい、集団の和を乱し争いを助長させるような行為をする者に対し、権利を剥奪するのである。

二つめは依止《えじ》羯磨。愚痴《ぐち》不聡明なために悪に傾きやすい者を、特定の比丘の監督の下におかせるもの。

三つめは擯出《ひんしゅつ》羯磨といい、在家者になれ親しんで悪行を行う者を追放する。

四つめが遮不至白衣家《しゃふしびゃくえか》羯磨というもの。在俗信者に対し非法を行った比丘を、その在家者に謝らせ、謹慎させる。

これらも白四羯磨によって、権利が大幅に制限される。これに服さなければならない期間は無期限だが、自責してその決議を解いてもらう解《げ》羯磨を乞《こ》えば許される。

このほか、挙罪《きょざい》羯磨というものがあり、罪を犯していながらそれを認めず（不見）、懺悔《ざんげ》もせず（不懺）、誤った見解を捨てようとしない（不捨悪見）の三種を犯す者が、しかるべく羯磨して隔離（別住）される。

一方また、僧伽が信者に対して行う覆鉢《ふはつ》羯磨というのもある。信者が比丘を無実の罪で批難したり、他の信者が布施《ふせ》するのを妨げたり、比丘の住処を失わせた、三宝《さんぼう》つまり仏・法・僧をののしるようなことをしたときに与える。その在家者から「布施を受けず」、その人と「往来せず、話を交わさない」というものである。

この会議には僧伽の全構成員が出席しなければならない。そこでは長老比丘も新比丘も和尚比丘も弟子比丘も、比丘としては同格同種で、まったく平等の発言権をもつ。また、議案成立には全員一致を必要とし、一人の異議があってもその案件は不成立である。あくまでも和合衆であることをめざすから、現今の多数決のように、ときに数をたのんで押し切るのと異なる。

こうしてみると、羯磨はまさに僧伽の主軸をなしていることを知る。在家主義を標榜し、出家在家の区別があいまいとなってしまったわが国では、もう僧伽を見直すことも無理であろうか。

7. 過去七仏が説く戒め

出家修行する者が、守るべき戒を条文にしたものを戒本《かいほん》という。戒の根本という意味で名づけられたものである。律宗《りっしゅう》では四分律《しぶんりつ》を奉じているから「四分僧戒本」が用いられる。その最初のところに、過去七仏の名が出てくる。七仏とは、釈尊《しゃくそん》より前にこの世に現れたとされる諸仏で、毘婆尸《びばし》仏、尸棄《しき》仏、毘舎《びしゃ》仏、拘留孫《くるそん》仏、拘那含牟尼《くなごんむに》仏、迦葉《かしょう》仏の六仏と、釈迦牟尼《しゃかむに》仏すなわち釈尊をいう。この七仏がそれぞれに出世成道《じょうどう》して仏となり、その教えを説かれたのが「過去現在七仏偈戒《げかい》経」である。戒の根本精神を説かれたものとして、戒本の最後に付されている。

七仏の世では弟子がみな清浄であったから個別の戒を必要とせず、一偈《いちげ》をもってすれば足りたという。釈尊も、成道直後の十二年間は、いまのような多数の戒をいわれなかった。しかし教団中に非行が生じるようになり、それを断ずるために成道十三年から結戒《けっかい》がはじまって、やがて二百五十戒となるに至ったといわれる。このように多数の戒を定められたのも、仏教がいつまでも続くうえで、ひとえに正法久住《しょうぼうくじゅう》のためであり、半月ごとの布薩《ふさつ》で戒本を読みあげよとされたのもそのためである。

七仏のうち毘婆戸仏と戸棄仏、毘舎仏の三人は、過去荘厳劫《しょうごんごう》という期間にあいついで出世され、現在賢劫《けんごう》に入ってからは拘留孫、拘那含牟尼、迦葉の三仏が出世され、現在劫の第四仏として釈尊が出世されたのだという（ここにいう荘厳、賢はそれぞれ讃える意味で付されている）。

ちなみに「劫《ごう》」とは、古代インドで考えられた最長の時間の単位をいう。私たちも未来永劫《えいごう》などと用いるが、ともかく測り知れない長い時間をいう。ここでは一つの世界が生じてから滅するまで、成劫《じょうごう》（成立する期間）、住劫（成立の状態にある期間）、壊《え》劫（崩壊する期間）、空劫（無くなった期間）の四つがあり、それぞれに二十中劫を要する。つまり世界は八十中劫ごとに転換するとされる。その一中劫とは、八万歳から十歳まで、百年に一歳ずつ減ずる（あるいはその逆をたどる）という、まことに長い時間である。

現在の世界（八十中劫）を賢劫と呼び、それ以前（過去世の八十中劫）を荘厳劫、未来世（の八十中劫）を星宿《せいしゅく》劫という。七仏のうち三仏は荘厳劫に、そして現在の賢劫にはすでに釈尊まで四仏が出世されたが、賢劫中には千仏が出られることになっているから、釈尊に続いて弥勒《みろく》仏以下九百九十六仏が予定されていることになる。

過去七仏の信仰は古くからあり、ことに賢劫四仏があつく尊崇されたようだ。アショカ王（阿育王）が仏教に帰依《きえ》し、各地に仏塔を建て、法勅《ほうちょく》（アショカピラー）を残したことはよく知られる。七仏の一人拘那含牟尼仏の塔を増築し、これに詣《もう》でた事実を示すのが「ニガーリ・サガール法勅」で、それには、

天愛菩見王《てんあいぼけんおう》は、灌頂《かんじょう》十四年に、拘那含牟尼仏の塔を二倍に（または再度）増築した。また、灌頂……年に自ら来て崇敬をなした。また石柱を建立せしめた。

と読まれている。この石柱はいま、釈尊の誕生地ルンビニーの西北二十キロの地にある、ニガーリ・サガールという池のほとりにある。この地に移建されたとみられるが、もと建立された地点は不明という。

アショカ王は紀元前二四九年（灌頂二十年）にルンビニーを参詣している。このとき拘那含牟尼仏の塔にも供養し石柱を建てたもので、その六年前に仏塔を増築したとみられる。インドの仏塔は日干しレンガを用いたものが多い。それを修復する場合は、ひとまわり大きく外側から積みあげることがよくあるらしい。

五世紀にインドを訪れた法顕《ほっけん》の『法顕伝』も、七世紀の玄奘《げんじょう》の『大唐西域記』も、拘留孫、拘那含牟尼、迦葉仏の塔が実在していたことを書いている。ことに玄奘は前二仏の

塔のそばには三十余尺、あるいは二十余尺のアショカ王柱があって、上に獅子の像を刻し、傍らに寂滅の事蹟が記してあると書いている。またアグラのすぐ北方でマトゥラ仏で知られるマトゥラや、アグラの西北方、八大仏跡にかぞえられ、釈尊が天上のマヤ夫人《ぶにん》に説法し下ってきたところとされるサンカシャにも過去四仏の遺蹟が非常に多いといっている。

さて、これら七仏の教えが『過去現在七仏偈戒経』にみえる。それぞれ短い偈文《げ》で、たとえば毘婆戸如来は、

——他に対して怒らず、他人を悩まさず、涅槃《ねはん》寂静を求むべし——

といった意味のもの。

毘葉羅（毘舎）如来は、

——誇《かたよ》らず、嫉《ねた》まず、常に戒めるべきことを奉じ行ぜよ。禅定《ぜんじょう》にさしつかえるような大食をせず、禅定にいそしみ精進せよ——

拘留孫如来は、

——村落に入り乞食するとき、他のことにかかわらず、他人の行業《ぎょうぎょう》について好作悪作《こうさあくさ》を見ず、自己の身行の正不正を心がけよ——

拘那含牟尼如来は、

――心放逸する（なまける）なかれ、聖法《しょうぼう》をつとめ学べ、そうすれば憂愁もなくなり禅定により涅槃に入ることができる――

といった意味のみじかい偈《げ》である。ここでは釈尊も、

――善く口言を護り、志意《しい》を浄《きよ》めることにつとめ、身に諸悪をしてはならぬ。この三《さん》業道《ごうどう》をきよめ行《ぎょう》ずることが、大仙人の道である――

といったことにとどまる。

迦葉如来の偈は、

――一切の悪は作《な》すことなかれ。当に諸善は奉行《ぶぎょう》すべし。其の志意を浄くするは、是れ則ち諸佛の教えなり――

で、同じ偈文が法句経などにもみられ、一般に「七仏通誡偈《つうかいげ》」として広く知られている。

諸悪莫作　衆善奉行
自浄其意　是諸佛教
（諸の悪をなさず
すべての善を行い
自らの心を浄める

これが諸仏の教えである）

この四句の中に、仏教の思想がすべて要約されているとされる。

聖徳太子の遺語として、つねづね妃の橘郎女《たちばなのいらつめ》らに語っていたという「世間虚仮　唯仏是真」がある。「天寿国繍帳《てんじゅこくしゅうちょう》」の文にみえる言葉として有名だが、太子はまた山背大兄王《やましろのおおえのおう》らに「諸悪莫作《しょあくまくさ》　衆善奉行《しゅぜんぶぎょう》」と遺詔されたという。『日本書紀』（巻二十三、舒明天皇《じょめいてんのう》）には「もろもろの悪しきことをば莫作《なさ》そ、もろもろの善《よきわざ》を行なへ」とみえている。

8.「戒」は人と社会を救う

いまでも、唐招提寺は小乗《しょうじょう》の寺、とよくいわれる。多くの宗派や寺が経《きょう》・律《りつ》・論《ろん》の三《さん》蔵《ぞう》のうち、経・論を宗とするのに対し、律宗は律蔵《りつぞう》によってたつ宗である。律蔵は小乗仏教のもの。その律蔵を重んじているのだから、やはり小乗ではないかというのである。その錯誤《さくご》も無理からぬところだが、律宗の教旨はあくまで法華経の一乗思想に立脚した大《だい》乗《じょう》仏教の精神にもとづく戒律護持《ごじ》にある。

戒律という語は、中国での造語で、原語には存在しないといわれ、「シーラ・ヴィナヤ」という結合語は辞書に見当たらない。戒は修行者が自発的に自らに課す自己規律で、自律《じりつ》的であるのに対し、律は集団がその成員《せいいん》に課す規則で、いわば他律《たりつ》的である。この両者は全く原理を異にする概念とされるが、古来一つの熟語として慣用されてきた。戒律を「僧の守るべき規律」などと定義しているのは、「律」を意味することが多いことの反映といえる。

律宗では伝統的に「戒そのもの」と解し、律をいう場合も戒のこととしている。また一般には戒は定《じょう》・慧《え》にいたる一つの道程にすぎないとみるが、律宗では一切の諸行を戒とみて、戒の中に定も慧も含まれるという考えに立つ。

すでに再三ふれたことだが、唐のはじめに南山《なんざん》律宗を開かれた高祖道宣律師《どうせんりつし》は、ややもすれば戒律を疎《うと》んじる当時の風潮を深く嘆かれた。そもそも戒律は、釈尊《しゃくそん》が仏道修行者に法として制定されたものであり、悟りを得るための根本条件である。四分《しぶん》律は小乗の律ではあるが、大乗仏教にも通じる仏戒であると、戒律護持《ごじ》を宣布《せんぷ》された。

もっぱら自己を清くすることにはげむ小乗戒の消極的態度に満足せず、戒は諸々の善を行い、社会救済に資するものでなくてはならないとの主張から、大乗菩薩の戒として三聚《さんじゅ》浄戒《じょうかい》が提唱されたのである。この意味は、戒には止悪《しあく》・修善《しゅぜん》・利他《りた》の三つの働きがありとする、菩薩道《ぼさつどう》の立場からの観察・意義づけである。

三聚浄戒は三種浄戒ともいわれ、自らの非を防ぎ悪を止める摂律儀戒《しいうりつぎかい》、積極的に善を作《な》すことをめざす摂善法戒《しょうぜんぼうかい》、さらにひろく人々に幸せをもたらそうと努める摂衆生戒《しょうしゅじょうかい》の三つからなる。摂衆生戒は、有情（生きとし生けるもの）に益をめぐらすという意味で饒益有情戒《にょうやくじょうかい》ともいわれる。ことにまた、摂律儀戒は止悪ではあるが作善《さぜん》をめざすという性格をもたせて、三聚浄戒は作善を強調する。

道宣律師の主張は、摂律儀戒に具足戒《ぐそくかい》、つまり比丘《びく》の二百五十戒を包含するというもので、自らはこれを「能《よ》く持《たも》ち」つつ、摂善法・摂衆生にはげもうというものである。

鑑真和上は南山律宗をわが国に伝えられたが、併せて大乗戒経の梵網経《ぼんもうきょう》を信奉されたことはよく知られている。和上は道宣律師からさらに一歩進んだともとれるが、四分律と梵網経をどのように結びつけ理解しておられたのか、まだ議論がある。

私たちの社会は多くの法律や制度で成り立っている。それらは最初から罪や非行を予想して取り締まるためにつくられている。戒律もそれと同等視されがちだが、出発点を異にする。求道心《ぐどうしん》をもって入ってきた者を排除するためではなく、救うために定められたのである。「随犯随戒《ずいぼんずいかい》」といわれるように、トラブルが起きたとき、その都度《つど》定められ、不都合が生じたときには改変されたりもした。このことは制定の起源・事情・来歴をくわしく書いた「広律《こうりつ》」すなわち『律蔵』と、制戒を箇条書きにした「戒本《かいほん》」の二部から成っていることからも読みとれよう。

戒律と聞いただけで、何か非常に堅苦しく、それを守る生活はとてもきびしいと思われている。重戒《じゅうかい》はたしかにきびしいが、その大半は協調のために定められたことがらである。誤解を恐れずにいえば、教団にはいろいろな人が入ってくる。そのほとんどの人が守れないことを、釈尊がお決めになるはずがない——というのが私の持論である。

教団の充実とともに二百五十の戒を算《かぞ》えるまでになったが、そのうち百ヵ条は「百衆学《ひゃくしゅうがく》」といって、「学びつとめなさい」という努力目標のようなものである。例えば青草の上に小便をしてはいけないとか、信者の家に招かれたときに室内で突っ立っていないなどといった習慣を身につけることを求めている。

仏教が戒の実践を強調するのは、宗教的人間の理想像を追求しているからである。そこで、日常生活の行為のうえで、当然してはならないことをしなくなるよう習慣づけることが求められる。私たちは戒律を禁止条項などといってしまうが、実はあくまで自発的に、「してはいけない」ではなく「しない」習慣づけを目標とする。悪いことをしないという行いが、そのまま善いことをしていることにもなる。この習慣づける、つまり繰り返し行うことが修行である。

戒の原語「シーラ」には習性、習慣の意味がある。すなわち繰り返し規律を行い、習慣となるまで身に覚えることである。いろいろの戒を修行することで、やがてバランス感覚が心身ともに獲得されることになる。

さて、前にも書いたと思うが、受戒に際して重要なことがらに「戒体《かいたい》」がある。それは戒を受けた瞬間から、受者の心の中にその戒が宿るのだとされる。戒の力といったものだが、受者が捨戒《しゃかい》つまりその戒を捨てない限り、生涯宿りつづけてその人を保護してくれる。もし悪いことをしでかしそうになると、この戒体が働いて、やめるように目覚めさせてくれるのだという。

それでもしでかしてしまったときはどうするか。そこで懺悔《ざんげ》ということが重視される。一般には「ザンゲ」というが、仏教では「サンゲ」という。律宗では行住坐臥《ぎょうじゅうざが》、すべて戒を行《ぎょう》ずることにほかならないから、常に身《しん》・口《く》・意《い》に違犯のないよう反省し、もし犯したなら直ちに懺悔することが肝要《かんよう》である。

懺悔は「耐える・忍ぶ・許す」といった意味をもつサンスクリットの「クシャマ」を「懺摩」と音写された。この懺と漢語の悔とを並べたといわれる。「悔過《けか》」ともいわれるように、単に悔《く》い改めるだけでなく、「前非を悔い、これを告白して許しを乞う」といういっそう深い意味がこめられている。布薩《ふさつ》や自恣《じし》で、大衆の前で告白し許しを求める「発露懺悔《はつろざんげ》」がまさしくこれである。後世になると、諸仏の前に懺悔告白するという方法になる。それによって罪科・罪責をまぬがれて悟りの道がひらかれると教導されてきた。

また、「慚愧懺悔六根罪障《ざんきさんげろっこんざいしょう》――」と唱えながら、五体倒地《ごたいとうち》する礼拝《らいはい》の行がある。六根《ろっこん》は

「眼耳鼻舌身意」、五つの感覚器官と思惟《しい》器覚の意で、身と心のすべてを仏前にさらけ出して許しを乞《こ》う行である。あるいは信仰の山に登るとき、「六根清浄《しょうじょう》」と唱えながら登ったという経験をお持ちの方も多いであろう。慚は自らをかえりみて恥しく思うこと。愧は他人に対して恥しく思うことといわれる。

堅苦しいということであろうか、三聚浄戒という言葉もほとんどいわれなくなってしまったが、大方の宗派で説かれる教えである。大乗仏教は戒より信を重んじるなどともいうのだが、信をつきつめると戒ということに通じまいか。

自分は宗教に係わりないと思っている人でも、同じことを行っているのである。人が、してはならないとされていることをしてしまったとき、そこにはおのずから心理的負担が生じる。自らを呵責《かしゃく》する良心ともいえるし、自然の要求ともいえるが、それに促されて犯した行為を他に告白しようとする。

その受け皿といったものが、懺悔告白・懺悔聴聞といったものと思うが、いまその重要性が増しつつある。その機能や方法に強い関心がもたれ、ことにカウンセリングなど心理療法の領域でさまざまな検討がなされている。

書店へ行くと沢山の仏教関係書が並んでいる。求める人が多いことの反映ともいえる。

いま仏教に求められていることがらも多い。今後さらに増すであろう。戒は人を救い社会を救うというのもそこのところである。戒という語が直接用いられるか否かは別として、その根底に占めるウェイトは大である。

鑑真和上は来朝にいたるまでの苦難のさ中にあっても、その途次の諸処で仏寺の建立や修復をされた。また、諸処で人々に菩薩戒を授けておられる。それは、人々が懺悔し祈る場や対象をつくり提供されたのであり、戒という懺悔のよりどころを人々に授けたにほかならない。

これを現代に照らしてみるとき、宗派を問わず寺と僧にその機能をもっと発揮することが求められている。そこでもう一度、三聚浄戒を再認識してほしい。そのように考えると、律宗や唐招提寺の現代的ありようも、自明となってこよう。

「戒」とは単なる「戒め」ではない。私たちがよりよい人生を求め、理想の実現を求めて積極的に生きるための「誓い」でもある。

第三章　遺徳のひろがり

1. 和上の典籍に感涙した最澄

鑑真和上が天台教学にも通暁《つうぎょう》しておられ、『魔訶止観《まかしかん》』『法華玄義《ほっけげんぎ》』『法華文句《もんぐ》』のいわゆる天台三大部をはじめとする多くの経典等を将来され、のちに最澄《さいちょう》がこれに啓発されてわが国に天台宗を開宗《かいしゅう》したことは、つとに知られている。

中国の天台宗は慧文《えぶん》・慧思《えし》を経て、天台智者大師智顗《ちしゃだいしちぎ》によって大成された。智顗は梁・中大通三年（五三八）荊州《けいしゅう》（湖南省）に生まれ、梁・太平元年（五五六）十八歳で出家した。翌年、光州の大蘇山《だいそざん》（河南省）で慧思禅師に師事し、法華経による悟りの方法である「法華三昧《ほっけざんまい》」を修禅体得して印可《いんか》（師の認可）を得る。のちに金陵《きんりょう》（南京）におもむき、八年にわたって『法華経』『大智度論《だいちどろん》』や自らまとめた『次第禅門《しだいぜんもん》』などを講説した。

陳・太建七年（五七五）、三十八歳のときに天台山（浙江省《せっこう》）に入り、十一年間にわたり山中で修練を積み、天台教学を大系化した。一時陳《ちん》の後主から要請され、金陵に出て『法華文句』を開講するが、陳末の乱をのがれて廬山《ろざん》（江西省）に入る。隋朝となって、晋王広（のちの煬帝《ようだい》）の求めに応じて揚州（江蘇省）で菩薩戒を授けた。その後、故郷の荊州に玉泉寺を建て、ここで『法華玄義』『摩訶止観』を講じた。晩年は天台山や玉泉寺を中心に自らの思想の体系化と教説に精魂を傾け、ときに晋王広に応《こた》えて揚州に歩を運んだが、開皇十七（五九七）に寂した。

ちなみに南山《なんざん》律宗を開いた道宣《どうせん》律師（五九六―六六七）も、若年のころこの天台教学にあこがれたが、「まず十年間戒律を精究してから」と師にさとされたという。天台の教学は江南揚州あたりから運河に沿ってさかのぼり、唐初には帝都長安でも一世を風靡《ふうび》したのである。

天台教学が当時の仏教徒をひろく魅了したのは、教理の特色を判定する教判《きょうはん》を立てて、諸経を位置づけるにあたり、法華経をもっともすぐれた経として最上位においたことと、さらに修禅実践を通して法華経を読みこんだところにあろう。従来は長安を中心とする北地では涅槃《ねはん》経、また、長江流域の南地では華厳経が至上の経典として大いに研究され、法華経はその下位にあった。

智顗が樹立した教判は「五時八教《ごじはっきょう》」といわれる。釈尊《しゃくそん》がクシナガラで入滅されるまで四十五年間に説かれた教説《きょうせつ》（経典）を、その内容から五つのグループに分類し、最後（最上）のグループに位置する法華涅槃、とりわけ法華経を、至上の教えであるとした。それはあたかも牛乳が精製される過程でいう五味の最上級の醍醐味《だいごみ》とたとえている。また教化の方法と教理の内容から各四つに分類し、ここでも法華経が最高であることを論証しようとした。なぜ法華経こそが至上と考えたのか、それは万人が成仏《じょうぶつ》しうる原理を、完全に説き明かした経であると確信されたからだといわれる。

鑑真和上は天台教学を弘景《こうけい》から受学したとされている。弘景は、和上が長安実際寺で受けた具足戒《ぐそくかい》の師であるが、道宣律師の最晩年に親しく戒を受け、その高弟文綱《もんこう》から戒律を学んでいる。その一方、天台智顗の跡を慕って玉泉寺に入り、止観《しかん》を学んだ天台の学匠としても知られる。

弘景が和上の授戒の師となったのは、道岸《どうがん》律師のとりなしによるが、弘景・道岸とも高徳の僧として中宗《ちゅうそう》の内道場《ないどうじょう》に召されていたときで、弘景は翌年、荊州の寺へ帰っていく。宮廷の内道場にあった弘景が、巷間《こうかん》に天台教学を説く時間があったかどうか疑問が残り、また和上が受学する機会があったとしても、全くの初学者では短時日での習得はむつかしく、それまでに、何らかの素地がなくてはならなかったであろう。

私は、その素地は和上が出家剃髪《ていはつ》した師、揚州大雲寺の智満《ちまん》禅師から受けていたと考える。智満については『東征伝』に名を出すだけで何らほかに記されていないが、「禅師」

とあるのは天台の修禅者《しゅぜん》であったことを意味しよう。武則天《ぶそくてん》が新設した大雲寺の住持であったとすれば、よほどの教学と実践を積んだ人であったと推測され、和上は出家まえから父につれられて度々寺に詣でるが、十四歳で出家した後、十八歳まで約五年間、師に仕えたのである。

『東征伝』には将来された天台教学の書物として「天台止観法門《しかんほうもん》・玄義《げんぎ》・文句《もんぐ》各十巻・四教義《しきょうぎ》十二巻・次第禅門《しだいぜんもん》十一巻・行法華懺法《ぎょうほっけせんぽう》一巻・小止観《しょうしかん》一巻・六妙門《ろくみょうもん》一巻……」と都合八部を列《つら》ねている。実は『東征伝』には単写本版本を合わせると十余本あり、この書名の部分も、玄義・文句から小止観までが抜けているものもある。したがってその部分は後人の加筆と疑う向きもあるが、最澄の伝記によってそれは打ち消すことができる。

伝教大師最澄の伝記として最も正確かつ基本的なものとされる『叡山大師伝』は、直弟子により弘仁十四年（八二三）六月から十一月の間に撰述された。つまり最澄寂後一年余に成ったものであるから真憑性《しんぴょうせい》は高い。

それによれば、最澄は中国華厳《けごん》宗宗祖の賢首大師法蔵《げんじゅだいしほうぞう》が撰述した『大乗起信論疏《だいじょうきしんろんしょ》』『華厳五教章《けごんごきょうしょう》』を読んだ。ともに三乗と一乗との仏教の違いを論じ、深遠《しんえん》な縁起《えんぎ》の思想を説明している。そしてその深遠な哲学を体験的に理解するためには天台大師の『摩訶止観』

が必要と指摘し『小止観』を引用している。

それを見て最澄は覚えず涙を流して感激したという。幸いそのありかを知る人にもめぐりあった。

伝はつづいて「因って円頓《えんどん》止観・法華玄義並に法華文句疏《もんぐしょ》・四教義《しきょうぎ》・維摩疏《ゆいましょ》等を写取するを得たり。これは是れ故大唐鑑真和上の将来也」とある。ただし維摩疏とあるのは誤入とみられる。

天台教学に関する要典はほとんど将来されたわけだから、来朝後の状況によっては鑑真和上ご自身、天台教学をひろめる用意は十分あったわけである。和上が、ときにわが国天台の初伝とされるのも故なきことではない。

随従の思託《したく》・法進《ほっしん》も天台教学に通じていた。思託は台州開元寺を本貫《ほんがん》（所属の寺）としたが、自ら天台沙門《しゃもん》と記していることからも自信をもっていたことがうかがえる。また和上のあと戒壇院を継いだ法進は揚州白塔寺の僧であったが、天台の書を講じたともいう。和上将来の諸経典は東大寺唐禅院に置かれていたとみられ「並に法進が辺に本あり、学ばんと楽《ねが》う者は来つて本をとり、これを写し通ずべし」といっている。

最澄が延暦二十一年（八〇二）に高雄山寺《たかおさんじ》で行った三大部の講義は、これら鑑真和上将来本によってなされたという。そしてこの講義が助縁となって、二年後に入唐《にっとう》した最澄は和上将来本の誤写・脱行《だつぎょう》を正すとともに、唐土における相承《そうじょう》をも得て翌年帰朝し、天台開宗が勅許《ちょっきょ》された。

叡山《えいざん》では天台大師智顗の命日、十一月二十四日の法要を「霜月会《しもつきえ》」とよぶ。このゆかしい呼称は最澄がはじめたといわれる。

2. 随従の碧眼僧・如宝

唐招提寺の法灯は、鑑真和上が遷化《せんげ》されたあと、第二代法載《ほっさい》、第三代義静《ぎじょう》、第四代如宝《にょほう》と伝えられる。いずれも和上にお伴して来朝した人々である。和上は生前、とくにこの三人に寺の後事を遺嘱《いしょく》されたという。

和上に随《したが》って来朝したのは二十四人。戒壇院が常設されて、来朝第一の目的であった授戒はすでに軌道にのった。新田部《にいたべ》親王の旧宅地を賜《たまわ》り、唐招提寺が草創されたことによって、戒壇院の戒和上となった法進《ほっしん》を除いて、他の人々もみな鑑真和上とともにこの地に移り、律院の建設に力を合わせたと思われる。それは和上の遷化によって、第二の使命としていよいよ重大さを増した。伽藍《がらん》造営の完遂こそは、辛苦をしのいで海を渡った弟子たちひとりびとりの、存在の証しでもあったといえる。だがそれにしても、以後五十年にわたる並々ならぬ苦労があった。

法載・義静が年輩であったとみられるのに対し、如宝は来朝時二十三歳であった。『東征伝』に「胡国《ここく》人安如宝《あんにょほう》」とある人で、中央アジアのソグド地方の人という。わが国に来てから出家受戒した青年僧であった。

いまも天平の甍《いらか》が仰がれる金堂《こんどう》は、この如宝が「檀主《だんしゅ》を率いて造立」したとされ、それは宝亀年間（七七〇—七八一）とみられている。宝亀七年播磨国《はりまのくに》（兵庫）の封五十戸の施入をはじめとして、寺が経済的にようやく潤った時期だが、如宝の年齢からいっても、五十代から六十代の、もっとも充実した活躍の時期であった。

如宝はかつて一時、下野《しもつけ》（栃木）の薬師寺に籍をおき、東国戒壇にたずさわったが、宝亀九年に示寂《じじゃく》した法進をついで、戒壇院戒和上の第二代となった。また延暦十六年（七九七）には律師、大同元年（八〇六）には少僧都《そうず》に任じられている。その間延暦二十三年には、唐招提寺を律講の本山とすることを永式《えいしき》としたいと奏上《そうじょう》している。このころには伽藍もほぼ整い、所期の目的は果たされたようで、十五大寺に編入されている。

桓武《かんむ》天皇の尊崇を得て、天皇・后妃・皇太子に菩薩《ぼさつ》戒を授けたともいう。桓武天皇の遷都《せんと》は政治から寺院勢力を切り離すのが目的のひとつであったといわれるが、五歳年長の碧眼《へきがん》の異国僧如宝だけは、真に稽首礼拝《けいしゅらいはい》するに値する人と思われたようだ。如宝は弘仁六年（八一五）一月七日に八十四歳で示寂《じじゃく》したが、『日本後紀』の同日の卒伝には、

「——戒律を固く持して欠犯あることなし。呪願《じゅがん》に至っては天下に疇《ちゅう》（たぐい）を絶す。

局量宏遠にして大国の風あり、能《よ》く一代の壇師《だんし》に堪えるなり」

と称賛されている。

ところで、この如宝律師が開山《かいさん》と伝える寺が和歌山にある。医王山浄妙寺《じょうみょうじ》という有田市宮崎町に所在し、現在は臨済宗妙心寺派に属している。

これを伝えるのは、江戸時代の天保十年（一八三九）に撰述された『紀伊続風土記』である。奈良時代の『風土記』をつぐものとして「続」とされたようだ。和歌山県には総体に古文献類が少ないといわれるが、この書は幕府の命により三十年にわたる調査の末にまとめられたといい、全九十二巻から成る。浄妙寺の記述は巻五十七にみえ、
当寺は旧律宗なり　大同元年平城《へいぜい》天皇御母《おんはは》乙牟漏《おとむろ》皇后の御建立にして開山は唐僧如宝和尚といふ七堂伽藍の地なり――

とある。千百年以上も昔のことをいった伝承ではあるが、如宝の名がわざわざ記されているのは、それなりに根拠あってのこととみるべきで、菩薩戒を授けた縁からも、推《お》されて開山となったことは十分に考えられよう。

乙牟漏皇后は藤原良継《よしつぐ》の女である。良継は藤原宇合《うまかい》の二男で、はじめ宿奈麻呂《すくなまろ》と名のった。天平十二年（七四〇）兄の広嗣《ひろつぐ》が大宰府で起した乱に連座して伊豆に流罪《るざい》となったが、

十二年後に許されて都へ戻った。乙牟漏が生まれたのは天平宝字五年（七六一）である。恵美押勝《えみのおしかつ》（藤原仲麻呂《なかまろ》）が孝謙《こうけん》女帝と不調和となり、叛して近江に奔《はし》ったとき、良継らはこれを追って征討した。これを機に南家《なんけ》にかわって、良継・百川《ももかわ》らの式家《しきけ》が勢力をもつ。良継は宝亀八年（七七七）九月に六十二歳で薨《こう》じたが、従二位内大臣であった。

乙牟漏がのちに桓武《かんむ》天皇となる山部《やまのべ》親王の室《つま》となったのは宝亀四年とみられ、翌五年八月十五日に嫡子安殿《あで》王（のちの平城天皇）が生まれた。ときに山部親王三十八歳、乙牟漏は十四歳であった。王が即位して桓武天皇となり、延暦二年（七八三）に乙牟漏は皇后となる。同五年に神野王（のちの嵯峨天皇）を生んだが、同九年に三十一歳で崩じた。平城天皇が即位した大同元年（八〇六）に皇太后位を、さらに弘仁十四年（八二三）には太皇太后位を追贈されている。

浄妙寺が乙牟漏皇后の発願《ほつがん》であったとすれば、崩御された延暦九年以前のことでなければならない。しかし大同元年というのは動かしがたかろう。むしろ発願《ほつがん》者は平城天皇であったとすると、筋が通る。つまり「大同元年平城天皇が御母乙牟漏皇后追福のための御建立にして……」とあるべきものであろう。平城天皇と如宝が、この浄妙寺の発願者と開山という関係であったとすると、のちの大同五年に平城天皇の勅願《ちょくがん》により、唐招提寺に五重塔が建立された由緒も容易に理解できる。

では、遠隔の有田の地にこの寺が建立されたのは何故であろうか。その理由も明らかではないが、次のようなことがある。

有田郡は古くは阿提《あて》郡と称した。『日本書紀』の持統天皇三年（六八九）の条に「紀伊国阿提郡」とあるのが、郡名の初見《しょけん》とされる。これが大同元年、平城天皇の諱《いみな》である「安殿」に通じるとしてこれを避け、在田《ありだ》郡と改称されたという。地名の改称が、いわば同名のよしみ的な意味あいから、寺の建立となったというのは、その理由とならないであろうか。

あるいは乙牟漏皇后の「牟漏」と、郡名ともなっている「牟婁《むろ》」という地名には関連があるのであろうか。気になるところだが、いま資料をもたない。

そうしたことはともかく、浄妙寺が如宝の開基《かいき》であったことは断言を許されよう。とすれば、奈良から平安への移行期に、仏教界の指導的地位にあった如宝の、新たな足跡が得られたわけである。

いま浄妙寺には当初の遺構は全くないが、鎌倉時代後期の多宝塔《たほう》、薬師堂が遺存し、ともに重要文化財に指定されている。ぜひ訪ねてみたい寺である。

3. 道忠と初期天台宗

平成六年の京都は、平安建都千二百年にあたった。その陰にかくれたが、慈覚大師円仁《じかくだいしえんにん》（七九四―八六四）の生誕千二百年でもあった。円仁は第三代天台座主《ざす》であり、唐《とう》に求法《ぐほう》したことで知られるが、東国下野《しもつけ》（栃木）の地で出家したときの師が、鑑真和上の弟子につらなる人であることはほとんど知られていない。

円仁のみならず、第二代座主の円澄《えんちょう》、第四代安慧《あんえ》も同様で、初期の天台宗が和上の弟子に支えられたことは奇縁といえよう。

その弟子とは道忠《どうちゅう》である。鑑真和上に教えをうけたわが国の僧は『東征伝』などにより忍基《にんき》・善俊《ぜんしゅん》・賢憬《けんけい》等が知られるが、いち早く関東へ赴いたためか、その名は最澄《さいちょう》の伝記である『叡山大師伝』に、

有東国化主道忠禅師者　是此大唐鑑真和上　持戒第一弟子也　伝法利生常自為事

東国に有りて化主《けしゅ》たる道忠禅師は、これはこれ大唐鑑真和上の持戒第一の弟子なり。伝法利生は常に自ら事と為す。

とあるのが最初である。この記事が諸伝の記事の根拠をなすとみられ、『元亨釈書《げんこうしゃくしょ》』でも、

釈道忠　事鑑真稟戒学　真称持戒第一　嘗為東州導師　好行利済　民族呼菩薩

とある。右によれば、道忠は鑑真和上に事《つか》えて戒学を稟《う》け、和上から持戒第一と称賛された。のち関東で菩薩の行を説いてひろく民衆を化導《けどう》した。人々は道忠を菩薩と仰ぎ、東国の化主とあがめたという。

道忠は生卒も出自も詳《つまび》らかでないが、鑑真和上が来朝された天平勝宝六年（七五四）には二十歳に達していて、あるいはすでに出家していたかと思われる。早い時期に授戒を受け和上の身近に仕えたとみられる。持戒第一とは、戒律を守ること弟子中第一であったという意だが、律の学にも秀でていたのであろう。

一方、のちに最澄と密接な交渉をもつことになるのは、道忠が天台教学にもある程度の知識理解があったからにちがいなく、それは鑑真和上や法進《ほっしん》・思託《したく》らから得たものと考えられる。

道忠が東国へ赴いたのは、天平宝字五年（七六一）の下野薬師寺戒壇の設置と関係があったと思われる。これには和上の弟子の慧雲《えうん》、如宝《にょほう》がたずさわったとされるが、道忠も辺

国戒壇での五人の戒師の一人として派遣されたと考えられる。これがやがて、東国での独自の民衆教化となったのであろう。道忠の弟子たちの本拠として上野《こうずけ》（群馬）の浄土院（緑野寺《えどのじ》）、下野の大慈院などの名があげられるが、その勢力範囲は上野・下野・武蔵（埼玉、東京、神奈川の一部）・信濃（長野）に及んだという。多くの弟子や信者がいて、一大教団を形成した。

道忠と最澄が親密となるのは、延暦十六年（七九七）に最澄が発願《ほつがん》した一切経整備にこたえて、道忠が二千余巻を写経しておくったことにはじまる。比叡山には延暦七年に一乗止観院《しかんいん》（今の根本中堂《こんぽんちゅうどう》）とともに経蔵《きょうぞう》が建設されたが、十年を経てもまだ経典はととのわなかった。そこで最澄は願文《がんもん》を草して南都《なんと》七大寺に一切経書写を要請した。これに積極的に応じたのが大安寺聞寂《だいあんじもんじゃく》と道忠であったという。

聞寂はその伝明らかでないが、延暦十三年の一乗止観院の初度《はつど》供養に、南都諸大徳《だいとく》の一人として請ぜられている。山上での見聞でひたむきな最澄に感銘したのであろう。ちなみに平成六年十月二十二日に根本中堂で厳修《ごんしゅう》された南都北嶺《れい》合同法要は、この初度供養から千二百年を記念してのものであった。

道忠が最澄の発願をどのようにして知ったかは明らかでないが、すでに天台教学への知識をもつ道忠は、深く共鳴するところがあったのであろう。それにしても、短期間に二千巻の経典を書写する陣容と経済的な基盤をそなえていたことには目を見はらされる。『続日本後紀』によれば、承和《じょうわ》元年（八三四）五月に相模（神奈川）・上総《かずさ》（千葉）・上野など坂東《ばんどう》六カ国に一切経写書が命ぜられたが、「その原本は上野国緑野郡緑野寺にあり」とみえる。緑野寺にはこのころ関東で唯一、一切経がそろえられて書写の原本とされていた。

道忠の弟子として現在知られている名前は、ほとんどが最澄と関係のあった人に限られるが、顕著な活動があった人として円澄《えんちょう》・広智《こうち》・教興《きょうこう》らがあげられる。円澄（七七二―八三七）は俗姓壬生《みぶ》氏、宝亀三年（七七二）武蔵国埼玉郡に生まれた。十八歳で道忠に授戒を受け、法鏡行者《ほうきょうぎょうじゃ》とよばれた。延暦十七年（七九八）二十七歳のとき叡山に登り、最澄の一字を与えられて円澄と改名したという。二千巻の写経を叡山に納める道忠に伴われての入寺であったのかもしれない。

広智は円澄と全く同年輩とみられるが、生卒や出自は明らかでない。道忠に師事して、常に傍《かたわ》らにいて道忠の活動をたすけたといい、道忠没後はその教団を引き継いだ。『慈覚《じかく》大師伝』（三千院本）には、

「唐僧鑑真和上第三代弟子也　徳行該博　戒定具足　虚己利他　国人號広智菩薩」

唐僧鑑真和上第三代の弟子也　徳行該博《がいはく》にして戒定具足し　己に虚しくして他を利する　国人広智菩薩と号す

とあり、鑑真和上―道忠―広智という法系が強調される。高徳にして持戒の念あつく、積極的な利他行《りたぎょう》の活動により、菩薩とあがめられた。

道忠によって形成された東国の教団は、広智によって天台宗の東国の拠点となる。広智は延暦年中（七八二―八〇五）に道忠の薦《すす》めで、叡山の最澄に帰依《きえ》し法華一乗《ほっけいちじょう》の教学を承《う》けたとされるが、その後安慧《あんえ》、円仁など優秀な人材を最澄の下に送り込んだ。安慧（七九四―八六八）の父は河内《かわち》国（大阪）大県郡の狛《こま》氏だが、下野に移り丸子氏の女《むすめ》を妻とした。下野で生まれた安慧は七歳のとき小野寺（大慈院）広智の下に入り、大同元年（八〇六）十三歳のとき広智につれられて叡山に登った。

円仁は下野・下都賀郡に生まれ、九歳で出家し、大同三年十五歳の時に広智について叡山に登り最澄の門下となった。このように広智はたびたび叡山に往来しており、自らも天台の教学や密教を修得し、東国へ伝道したと思われる。

ところで弘仁六年（八一五）三月、空海は広智に書状を送り、自分が請来した密教諸経の書写をたのんでいる。すでに道忠が没していたからであろう。これには道忠の弟子で緑野寺に住した教興《きょうこう》が依頼に応えている。高山寺《こうざんじ》蔵の『金剛頂瑜伽経《こんごうちょうゆかぎょう》』巻一の表紙見返しに「秘密教王経三十六巻　弘仁六年五月　依海闍梨之勧進　上毛沙門教興書進」とあり、巻二と三の奥書には「上野国緑野郡緑野寺……写経主佛子教興」とある。空海は徳一《どくいつ》にも同様に写経を要請している。東国の二つの教団は空海にとっても気になる存在であった。

道忠教団が天台化した最も象徴的なできごとが、弘仁七、八年に最澄が自ら関東に出向き布教してまわった「東国巡化《とうごくじゅんげ》」である。上野の浄土院と下野の大慈院に、それぞれ宝塔が築かれて法華経一千部（八千巻）ずつが書写し納められ、連日長時にわたる講義が行われた。最澄はここで広智らに灌頂《かんじょう》（密教の法を授ける儀式）も施している。

この東国巡化は、当時会津（福島）を中心に精力的に布教していた法相宗《ほっそうしゅう》徳一の、天台批判に対応したものともいう。いわゆる「三乗一乗権実論争《さんじょういちじょうごんじつろんそう》」の背景には、道忠教団と徳一教団とが勢力を争う状況があったのである。

広智が卒したのは、円澄が没した承和四年（八三七）からそう遠くないころと思われるが、それは道忠教団の消滅のきざしでもあった。それにしても、鑑真和上の教化がこうした形で初期天台宗に及んだという事実は、興味深い。

4. 招提伽藍の造営

夏の訪れとともに雷の季節を迎える。

まことに残念なことであったが、唐招提寺の五重塔が落雷により焼失したのは、享和《きょうわ》二年（一八〇二）であった。その時の様子を伝える『奈良井上町年代記』によれば「六月十一日八ツ前頃《まえごろ》」というから、午後一時から二時のことである。雷は塔の第二層戌亥《いぬい》（北西）角に落ちたらしく、この方角から燃えだしたという。

その日は奈良一帯にはげしい大夕立があり、ことに西の京のあたりは雨と雷が同時で、雨がはげしく降る中での落雷で、手の施しようもなかったようだ。塔の東側に近接する鎮《ちん》守《じゅ》社も類焼してしまった。

この五重塔こそは、大同五年（弘仁元年＝八一〇）平城《へいぜい》上皇が勅願《ちょくがん》され、従五位下の江沼小並《えぬまこなみ》に命じて建立させたものであった。四間四面、高さ十二丈（約三十六メートル）であったという。薬師寺の塔（十一丈五尺）が三重裳階《もこし》付きで、変化に富み軽快さを感じさせるのに対し、こちらはもう少し高く、五層の屋根が順次小さくなるだけだが、より壮大さと重々しさを感じさせたであろう。

この塔の建立に寺側の推進役となったのが、如宝《にょほう》の弟子豊安《ぶあん》であった。当時の住持は如宝であるが、諸伝が五重塔建立を豊安の伝に記している。如宝はすでに七十九歳であったとみられるから、壮年の豊安にゆだねられたのであろう。

豊安は参州《さんしゅう》（三河国《みかわのくに》＝いまの愛知県東部）の人。承和《じょうわ》七年（八四〇）に寂《じゃく》したが、一説に七十七歳であったという。それによれば生まれは天平宝字八年（七六四）、鑑真和上が遷化《せんげ》された翌年である。俗姓や父の職業も詳《つまび》らかでない。従ってすでに平城京に住していたのか、僧となって単身上京したのかも不明だが、おそらく受戒とともに如宝に師事したのであろうから、延暦二年（七八三）師の如宝が五十三歳のことであろう。それから二十三年、豊安もすでに四十歳を超えて円熟さを増した年齢である。

平城天皇は大同四年（八〇九）四月一日に譲位して上皇となり、嵯峨天皇が即位するが、『日本紀略』によればその年十一月、上皇は藤原薬子《くすこ》の兄仲成《なかなり》らに平城宮造営を命じ、十二月四日には上皇自らも平城旧京へ向かったとある。そして摂津《せっつ》（大阪、兵庫の一部）、近江《おうみ》（滋賀）、播磨《はりま》（兵庫）など諸国の米が造営の資に充てられ、畿内諸国から役夫二千五百人を雇ったとも記されている。

『日本後紀』は翌弘仁元年（八一〇）九月六日の条に、上皇が平城遷都《せんと》の意を表明し、天皇が藤原冬嗣《ふゆつぐ》らを「造平城宮使とした」と記す。

五重塔の造立が着手されたのは、こうした最中の弘仁元年四月十五日であった。平城上皇としては自らが新たに造営する宮都のシンボルのひとつとして構想されたのかもしれない。塔が唐招提寺に建立されることになったのは、如宝が桓武《かんむ》天皇に菩薩戒《ぼさつかい》を授けたとき、皇太子であった上皇も受戒しており、大同元年に勅願建立の紀伊の浄妙寺開基《かいき》にえらぶなど、上皇もまた如宝を篤《あつ》く崇敬していたのである。

だがその九月にはいわゆる薬子の乱となり、上皇は出家入道し、薬子は自殺して平城遷都の夢はあっけなく消えた。ただひとつ五重塔だけが残ることになる。もしかすると、塔の用材には平城宮造営のための用材がふりむけられたかもしれない。前年来からの動きからみて、宮殿建設の用材も直ちに準備されたにちがいなく、すぐに沙汰《さた》やみとなったとしても、すでに確保されていたものもあろう。塔の造立を負う江沼小並からすれば、少なくとも用材入手はより容易であったといえる。

塔の完成がいつであったかは記録がないが、穀倉院《こくそういん》の新設に伴って、唐招提寺に与えられていた寺封五十戸は大同三年に返納された。それが弘仁三年に再び施入されたのは、すでに塔が完成したことをも意味しよう。つまり塔を含む伽藍《がらん》の維持管理の十全《じゅうぜん》をはかるためであったと考えられる。

五重塔の建立を契機に、豊安は律宗にこの人ありと朝廷に深く知られるところとなったようだ。弘仁三年には勅命が下されて、沙門《しゃもん》が法を犯した場合は戒律によってこれを処せ、とされたという。さらに、新たに受戒した僧尼は天平宝字の例の如く、ことごとく豊安に従って戒律を修学せよ、と勅命されたという。「天平宝字の例の如く」とは、天平宝字二年（七五八）に鑑真和上が大和上の称号を賜って僧綱《そうごう》を辞任したとき、「志ある者はみな鑑真和上のもとで戒律を修学せよ」と詔《しょう》されたことを指す。

和上からの遺嘱《いしょく》であった唐招提寺造営を遂げた如宝は、新たに塔も加わって面目を増したのを見届けるかのように、弘仁六年（八一五）一月七日、八十四歳の生涯を閉じた。豊安はあとを継いで唐招提寺の第五世となり、翌七年には律師に任ぜられ僧綱の職についた。

平城上皇が豊安を宮中に請い、妃嬪公卿《きひんくぎょう》ともども菩薩戒を受けたのもこのころであろう。豊安はまた諸州に放生池《ほうじょうじょう》をつくったという。魚を放つための池であるが、殺生を禁ずる戒に沿《そ》って、授けられた戒を身をもって行《ぎょう》ずることを、教えひろめたものである。

以上は五重塔建立とそれにたずさわったころの豊安の動向であるが、豊安が最も評価されるのは、晩年の天長年間（八二四―八三四）に著した『戒律伝来記』をはじめとする撰述にある。そのほか師の如宝と空海の交流のあとをうけて、豊安と空海との交友も興味深い。空海が延暦二十二年（八〇三）四月九日に東大寺戒壇院で受戒したとき、豊安が教授師をつとめたことにはじまり、晩年まで続く。

さて、五重塔は鎌倉時代以降の再三の大地震にもよく耐えた。康安元年（一三六一）六月、奈良を襲った地震は各寺に相当な損害を与えたが、唐招提寺でも「塔の九輪大いに破損し西廻廊みな顚倒《えんとう》し……」と『嘉元記』にみえる。応永三年（一三九六）、明応三年（一四九四）の地震も大きかったが、塔の被害はとくに記されていない。

慶長元年（一五九六）閏《うるう》七月、近畿を襲った地震では諸堂が損害したようだが、開山《かいざん》堂《どう》棟札によれば「……塔の一重零《おち》る」とあり第一層の屋根が大破した。しかしこれらの破損もどうにか修覆されて、塔は弘仁創建のままほぼ千年間伝えられてきただけに、享和二年の落雷による焼失はなんとも不幸なことであった。

古建築の第一人者である太田博太郎博士の指摘によれば、平安時代初期の五重塔として貴重であるばかりでなく、これが現存すれば金堂《こんどう》などの建立年代について、様式的な判定がかなりできたであろう――という。

5. 豊安と空海の交わり

涼を求めたわけではないが、「水魚《すいぎょ》の交り」という言葉がある。後年の豊安《ぶあん》と空海とは、まさしくこの語があてはまる親交をもったようだ。

元禄十四年（一七〇一）に義澄《ぎちょう》が撰述した『招提千載伝記《しょうだいせんざいでんき》』では豊安の師如宝《にょほう》と空海との交流をいっているのだが、年齢差なども考えると、こちらの二人の方がよりふさわしいようだ。

弘法大師空海は入唐《にっとう》前年の延暦二十二年（八〇三）、東大寺戒壇院で受戒したといわれ、その受戒牒《じゅかいちょう》が知られる。これが信頼しうるものであれば、その戒師の一人として、教授師として豊安の名がみえている。豊安四十歳、空海三十歳のときとみられる。

『東大寺要録』巻五の戒壇院戒和上次第によれば、第二代如宝、第三代昌禅《しょうぜん》のあと、第四代豊安、第五代長恵《ちょうけい》で、その補任《ぶにん》の年次は豊安が延暦十四年（七九五）、次の長恵は大同元年（八〇六）の任とあり、豊安が戒壇院戒和上であったのはこの間の十二年である。

右によれば空海の受戒は豊安が戒和上職在任中であった。当然豊安が戒和上をつとめたのではと思われるが、すでにこのころ戒壇院戒和上の職掌はその管理責任者というにとどまったのであろうか。受者あるいはその師僧がこの人と定めて奉請《ほうじょう》する（お願いする）ことができたようだ。受戒牒によれば、空海の戒和上は元興寺泰信《がんごうじたいしん》、羯磨《こんま》師は東大寺安暨《あんき》とある。

もうひとつ留意される点は、戒壇院戒和上職が比較的若年のときに任ぜられていることである。豊安の場合は三十二歳から四十三歳までであり、如宝の場合は宝亀五年（七七四）に任ぜられ、延暦五年（七八六）に昌禅に継がれるから、如宝は四十四歳から五十六歳まででであったとみられる。弘仁六年の示寂（八十四歳）からはるか以前の任免であった。

もっとも『東大寺要録』には、豊安の律師任命が大同元年（八〇六）、同四年少僧都《そうず》、弘仁四年（八一三）大僧都とあるが、『僧綱《そうごう》補任』では弘仁七年律師、天長四年（八二七）少僧都、承和《じょうわ》二年（八三五）大僧都とあって、この方が正しいとみられている。戒和上補任の年次も他に傍証を求めなければならないのかもしれない。

それはさておき、すでにこの頃から豊安と空海の出会いはあったとみてよさそうである。如宝と空海のことは前著『風月同天』（毎日新聞社）に書いたが、大同元年に返納した封五十戸が、弘仁三年にふたたび唐招提寺に施入され、如宝は朝廷への謝状の代作を空海に依頼した。このときも弟子の豊安が空海と接触したことは容易に想定されよう。

空海が能書家であると同時に、文章に秀でていたことはよく知られている。それが数々の願文《がんもん》等の代作ともなったのだが、最澄《さいちょう》の密教伝授の依頼をきっぱり拒絶したように、非常にきびしい一面をもちつつ、気心が知れた相手にはまことに気さくなところがあって、豊安とも次第にそうした関係となったようだ。

二人が親密度を増したのを弘仁十三年（八二二）におくこともできる。すでにこのころ豊安は如宝の後を継いで唐招提寺第五世であり、持戒堅固の人師として朝廷の知るところであった。この年最澄が示寂したが、論争のたえなかった最澄に比して、空海は南都《なんと》諸師との融和につとめ東大寺に真言院を建立した。これ以後、嵯峨《さが》、淳和《じゅんな》、仁明《にんみょう》の三帝がひとしく崇重《すうちょう》されたのは豊安、空海の二人であり、僧界の代表的位置にあったといえよう。

天長四年（八二七）には空海が大僧都、豊安が少僧都に任ぜられた。この年九月淳和天皇は仏事を橘寺で行った。大同二年に謀反《むほん》の罪に問われて川原寺で自害した桓武《かんむ》天皇の皇子伊予親王のためのもので、その中心となったのがこの二人である。

『性霊集《しょうりょうしゅう》』巻六の「天長皇帝、故中務卿《けい》親王のために田及び道場支具を捨して橘寺に入る願文」にみえるところで、伊予親王追善のために橘寺に新たに薬師三尊像を造立し、金《きん》泥《でい》の法華曼荼羅《ほっけまんだら》（蓮華法曼荼羅）を写し、四日間朝夕二座の法要が修されたという。仏具類が納められたほか、この法会《ほうえ》を毎年春秋二季に行う費用として、水田十余町が施入されたとある。

法要で仏前に読みあげられたのが空海の願文である。これに参集した僧は空海、豊安をはじめ、法相宗《ほっそう》の施平《せへい》、戴栄《たいえい》、泰演《たいえん》、明福《めいふく》、三論宗《さんろん》の玄叡《げんえい》らを請して講師とし、泰命《たいめい》が都講（経を講説し難問に答える役）、慈朝《じちょう》が達嚫《だっしん》（諷誦文《ふじゅもん》を読む役）となってとり行われ、聴法の主な人々には法相の中継《ちゅうけい》、隆長《りゅうちょう》、三論の寿遠《じゅえん》、実敏《じつびん》、真言の真円《しんえん》、道雄《どうゆう》といった名があげられ、二十人の高僧が同座したとある。

朝夕二座四日間の法要とは、『法華経』八巻を講説対論《こうぜつたいろん》する法華八講であったとみられ、このころ朝野で盛んに行われた追善追福のための法華講会《ほっけこうえ》である。天皇の御願であり、一流のメンバーをそろえての法会《ほうえ》であった。

『性霊集』（『遍照発揮性霊集《へんじょうはっきしょうりょうしゅう》』）は弟子の真済《しんぜい》（八〇〇―八六〇）が、空海が書いた願文や詩文書簡などを全十巻に編したものであった。その後巻八から巻十の三巻が散佚《さんいつ》したので、仁和寺済暹《にんなじさいせん》が遺文を拾集して承暦《しょうりゃく》三年（一〇七九）に『続性霊集補闕鈔《ほけつしょう》』という三巻にまとめ、全十巻に復したとされる。

その巻八に「招提寺達嚫文《たっしんもん》」というのがある。達嚫とはインドの語ダクシナーの音訳で供養物といった意味であり、達嚫文は供養物をおさめるときに読む文といったもの。これもおそらくは豊安の依頼で空海が代作したものと思われるが、江戸時代中期に書かれた『性霊集便蒙《べんもう》』によれば、唐招提寺の如宝大徳が八十歳になり、四恩つまり国王・三宝《さんぼう》・父母・衆生の恩に報いるために写経したときの文である、と説明されている。

その写経とは達嚫文に「謹んで法弟寿延等を率いて、大般涅槃《だいはつねはん》・大乗印仏《いんぶつ》等百二十七巻を写し奉り――」とあり、このとき百僧を招いて大乗経を講読する法要を行ったという。

しかしこの達嚫文の末尾には「承和元年二月十一日」(八三四)と、如宝の示寂後十九年の年次が明記されていて、話が合わない。あとからの挿入とも考えられなくはないが、この年次がまちがいないとすれば、如宝が八十歳のときにおこなった写経を、この年になって弟子の豊安が仏前に供養する法会を催した、とでも理解しなければならない。これが如宝のためのものと伝えられてきたのは、如宝と空海が「水魚の交り」とされてきたからにほかならない。

私はこの達嚫文が豊安のためのものではなかったかと考えている。

6.『戒律伝来記』

南都《なんと》六宗という呼び方は、もちろん都が平安京に移り、天台・真言が伝えられてからのことであろう。

その六宗とは三論《さんろん》・成実《じょうじつ》・倶舎《くしゃ》・法相《ほっそう》・律《りつ》・華厳《けごん》である。『続日本紀』養老二年（七一八）十月十日の条には「五宗之学、三蔵之教」という語がみえ、五宗をかぞえていたことがうかがえる。六宗から華厳を除いた五つの宗をさしたもので、華厳宗の伝来は、天平八年（七三六）に来朝した道璿《どうせん》が華厳経の章疏《しょうしょ》（解釈書）などをもたらしたのが最初という。

これより先、藤原鎌足《かまたり》は家財をさいて五宗の研究費用を飛鳥法興寺（のちの元興寺《がんごうじ》）に施入した、という話が仲麻呂の書いた鎌足の伝『家伝』にみえる。

また、大仏開眼《かいがん》に際しては、六宗の厨子《ずし》というものが造られて、各宗ごとの専用仏典が納められたといわれる。

ここにいう宗とは、すでによく知られているように、学問のグループ・学派といったもので、かつては三論衆、摂論衆《しょうろんしゅう》（法相）というごとく、衆の字があてられていた。それが「衆」から「宗」へと改称されるのは、故堀池春峰氏（大和奈良仏教史）の指摘によれば、東大寺では天平二十年（七四八）ころであったらしいという。またこの頃東大寺・大《だい》安寺《あんじ》・薬師寺が六宗兼学の寺、つまり一寺の内に六宗の存在が確認できるという。

これら六宗がより明確となるのは大同元年（八〇六）の年分度者《ねんぶんどしゃ》の決定であろう。年分度者は、毎年人数を定めて学業を試験し、出家得度《とくど》が許された者をいう。延暦二十二年（八〇三）には三論宗と法相宗に各五人の計十人と定められたが、これを改めて、三論・法相各三人、華厳宗と律宗、天台宗が各二人の計十二人とされた。三論宗の三人のうち二人は三論、一人は成実論を専攻する者とし、法相宗三人のうち二人は唯識《ゆいしき》論、一人は倶舎論専攻者とされた。つまりすでに成実・倶舎の二宗は三論・法相の付宗とされ、内包されている。さらに承和《じょうわ》二年（八三五）には空海の上表《じょうひょう》により真言宗に三人が許され、年分度者は計十五人とされた。

ところで、『天長六本宗書』とよばれているものがある。天長年間（八二四―八三四）に淳和《じゅんな》天皇は詔勅して、八宗の碩学《せきがく》に各宗の教理宗義《しゅうぎ》を求めたといわれ、六宗から上撰された著述すなわち六本である。これに律宗を代表して奏上《そうじょう》したのが豊安《ぶあん》の『戒律伝来記』であった。このほかには法相宗・護命《ごみょう》の『法相研神章』、三論宗・玄叡《げんえい》の『三論大義鈔』、華厳宗・普機《ふき》の『華厳一乗開心論』、天台宗・義真《ぎしん》の『天台法華宗義集』、真言宗・空海の『秘密曼荼羅十住心論《まんだらじゅうじゅうしんろん》』であった。この六宗が当時仏教界をになっていたといえ、それぞれの宗の第一人者によって撰上されたのである。

『戒律伝来記』はもと上中下三巻であった。そのうち上巻のみ写本が伝存し、重要文化財になっている。それには「保安五年甲辰四月十四日書之了」という白書の奥書がある。全文にわたって訓点《くんてん》や傍訓《ぼうくん》が白書で加えられており、だれかが読み、それが終了した年次である。この年次（一一二四）をもって書写年次とみる向きもあるが、本文が書写されたのは、もうすこしさかのぼるとみるべきであろう。

現存する上巻の内容は、巻頭の序で淳和《じゅんな》天皇の詔勅を奉じて奏上することを述べたあと、戒律の伝来を「仏伝西域《ぶつでんせいいき》」「凡聖流漢《ぼうしょうるかん》」「百済伝倭《くだらでんい》」「唐伝日本《とうでん》」という四項にわけて、問答形式で書かれている。つまり、インドにおける戒律の相承《そうじょう》と二十部派の分裂・中国への流伝、百済からわが国への仏法の伝来、鑑真和上の来朝伝戒から唐招提寺創建までを述べている。そして和上来朝以前の仏教は戒法がまだ精厳《せいげん》でなかったこと、和上の来朝により大唐とわが国の法流がひとつとなったことが強調されている。

巻頭に「戒律伝来記上巻并序　沙門小僧都伝灯大法師位豊安奉　勅撰」とあるところか

ら、一般に戒律伝来記とよばれているのだが、これは実は略称で、序文中に「……勒成三巻。名曰戒律伝来宗旨問答……」（……勒《ろく》して三巻と成す。名づけて戒律伝来宗旨問答と曰《い》う）とあり「戒律伝来宗旨問答」というのが正式書名であったようだ。

上巻では戒律伝来の要旨を記しているが、中・下巻ではおそらく律宗の宗旨教理が書かれていたとみられている。師の如宝《にょほう》から教えられた律宗の真髄がまとめられていたわけで、もっとも興味深い部分が逸《いっ》して伝わらないのはまことに残念なことである。何とか断簡《だんかん》なりとも出てきてくれることが待たれる。

私がこの書に絶大なる意義を感じるのは、戒律の歴史や教義を日本人が記述した最初の書であった点である。戒律がインドから中国を経てどのように伝えられ、その要点は何かということを、日本人である豊安がどのように領解《りょうげ》したか（かみくだき自分のものとして消化したか）を示したもので、まさしく豊安にとっての「如是我聞《にょぜがもん》」――このように私は聞いた――であった。教えを受けた側が、このように学びましたというレポートであり、戒律が名実ともにわが国に定着したことを示すエポックの書であったといえる。

鑑真和上と随従の一行二十四人という多勢の人々が、伝律授戒というひとつの目的のために来朝した、という例はわが国の歴史上あとにも先にもなく、中国においてさえなかったことである。来朝からすでに八十年を経て、その人々はみな寂《じゃく》したが、それらの人々が伝えた教えの集大成がこの『戒律伝来宗旨問答』三巻であった。これより五百年後の鎌倉時代になって、凝念《ぎょうねん》によって『律宗綱要』や『八宗綱要』がまとめられるが、豊安の書はその先駆となったもので、おそらく指南書として当時の多くの人々に読まれたにちがいない。

この書の撰述年代は、天長六年、承和二年など諸説があるが、書中の記述からみて天長七年（八三〇）に書かれたというのが定説となっている。豊安はこのあと、翌天長八年には『鑑真和上三異事《さんいじ》』を書いている。和上の来朝にまつわることがら等を三点にしぼりまとめたもので、奥書に「――上表」とあるところからすると、下問《かもん》を受けて、『伝来記』に盛り込めなかったところを書いて朝廷に奏上したものとみられる。また承和二年（八三五）には『招提本源流記』をまとめた。これは『建立縁起』の原本になったものといわれるもので、唐招提寺伽藍造営の記録集成であった。

鑑真和上により開創された唐招提寺は、第四代如宝までは唐国の人々により受け継がれた。第五代豊安は日本人最初の住持であった。

豊安は承和七年（八四〇）九月十三日に示寂したが、翌年、律僧としてははじめて、僧《そう》正《じょう》の位を追贈されている。

7．和上将来の仏舎利

鑑真和上をしのぶ忌日法要が「舎利会《しゃりえ》」として営まれるのは、来朝のみぎりに三千粒の仏舎利を将来されたことに縁由するものであろう。

舎利会は、仏舎利つまり釈尊《しゃくそん》のご遺骨を礼拝《らいはい》供養して、釈尊の恩徳に感謝する法会《ほうえ》である。永観《えいかん》二年（九八四）の『三宝絵詞《さんぼうえことば》』に「我れきく、鑑真和尚のたてたる招提にも年々五月に行ひ……」とあるように、唐招提寺の舎利会の伝統は古い。

釈尊がクシナガラで入滅され荼毘《だび》に付されると、そのご遺骨は八つの国（部族）に分けられ、それぞれストゥーパが建立された。これが分舎利のはじめである。その後アショカ王によって改めて八万四千の塔にまつられて、さらに広く分布することとなったとされる。

わが国では敏達《びだつ》天皇十四年（五八五）、蘇我馬子《そがのうまこ》が司馬達《しばたっと》等から献ぜられた仏舎利を蔵《おさ》めて塔を起こしたのが、舎利信仰のはじめという。

鑑真和上の仏舎利将来は、わが国の仏舎利信仰のあり方に転機をもたらしたといわれる。それまでの、もっぱら塔の心礎《しんそ》や心柱《しんばしら》への納置といった奉拝《ほうはい》の形式にかわって、工芸的な舎利容器や舎利塔による奉拝がはじまった。

和上は西国（イラン地方）製とされる蕪形《かぶらがた》のガラスの壺に舎利を納めて将来されたが、この壺を包んでいたといわれる方円彩糸花網《ほうえんさいしかもう》（レース）も伝存している。舎利壺は金亀《きんき》舎利塔とよばれている霊亀《れいき》の背に立つ宝塔に納められ、唐草《からくさ》の透《す》かし彫りを通して拝するようになっている。

和上将来の舎利は、弘法大師が請来《しょうらい》した舎利とともに、真正な舎利として朝野の尊崇《すんすう》するところとなり、多くの寺院に分布してわが国の舎利信仰の二大主流をなすといわれる。正倉院文書《しょうそういんもんじょ》によれば、天平宝字六年（七六二）石山寺の観世音菩薩の身中に仏舎利を納入したとある。また『七大寺巡礼私記』には和上が示寂された翌年の天平宝字八年、東大寺東塔《とうとう》に仏舎利十粒と金字最勝王経《きんじさいしょうおうきょう》が安置されたと記されている。さらに延暦二十三年（八〇四）良弁僧正《ろうべんそうじょう》は石山寺ではじめて常楽会《じょうらくえ》を修し、舎利殿に舎利を安置したことが、同寺の縁起絵巻にみえる。これらが鑑真和上将来の舎利であった可能性は十分にあろう。ちなみに、弘法大師空海が仏舎利八十粒を請来して帰国したのは、大同元年（八〇六）である。

唐招提寺の舎利には現在、後小松天皇の勅封《ちょくふう》が施されている。昭和三十九年修理調査の際、上部の口金《くちがね》を覆っていた錦が破れかけていて、中から明徳三年（一三九二）正月三十日に足利義満の花の御所《ごしょ》へ運んだという書き付けや、後醍醐天皇の花押《かおう》などが出てきた。それによって、この年に後醍醐天皇の勅封が開かれ、新たに後小松天皇の勅封がなされたことが分かったものである。

保延《ほうえん》六年（一一四〇）の『七大寺巡礼私記』にも、すでに勅封がされていたことが記されている。東寺（京都・教王護国寺）の舎利の場合も、天暦《てんりゃく》四年（九五〇）に長者寛空《かんくう》が宮中ではじめて仏舎利の数を調べる勘計《かんけい》をして以来、時に応じて厳粛に行われている。

唐招提寺の舎利の場合も、相当に古くから勅封されていたことがうかがえる。文永八年（一二七一）当時の住持證玄《しょうげん》は後嵯峨法皇の御所へ舎利塔を持参している。塔の破損修復のため勅封を改めてもらうためであったようだ。日々の礼拝のため「日供《にっく》舎利塔」が新たに造られたのも、このころであろうか。

舎利が分散して出る「分出」という語が明記された記録は、延久三年（一〇七一）に平等院経蔵に多宝塔が安置され、「弘法、慈覚、鑑真」の舎利が納められたというのがもっとも古い。

以後、唐招提寺の舎利が分出された事例をあげると、以下の十三カ所を数えることができる。

①永久四年（一一一六）藤原忠実《ただざね》が春日御塔の心柱に奉納するため唐招提寺舎利十粒を奉請《ぶじょう》している。

②文治元年（一一八五）には後白河上皇の詔《みことのり》により、重源《ちょうげん》が大仏の腹中に唐招提寺舎利を納めた。

③正治元年（一一九九）京都峯定寺《ぶじょう》の釈迦如来像内に、水晶五輪塔に奉納した唐招提寺舎利が納入された。解脱《げだつ》上人貞慶《じょうけい》の発願《ほつがん》によるもの。

④この前年、貞慶は笠置寺に十三重塔を造立し、仏像経巻とともに舎利二粒を奉納している。明記はないが、これも唐招提寺の舎利であろう。

⑤建仁三年（一二〇三）解脱上人は唐招提寺に釈迦念仏会《ねんぶつえ》を始修《ししゅう》したが、この年明恵《みょうえ》は上人から舎利二粒を譲られ、その供養のため『十無尽院舎利講式《じゅうむじんいん》』を草している。

⑥上人はまた承元《じょうげん》二年（一二〇八）後鳥羽上皇の新御堂の落慶《らっけい》導師をつとめたことから、東寺・唐招提寺の舎利各一粒を賜った。これらは建保《けんぽう》二年（一二一四）上人の一周忌にあたり、海住山寺《かいじゅうせん》の五重塔に納められた。

⑦建暦《けんりゃく》二年（一二一二）、興福寺北円堂《ほくえんどう》の弥勒《みろく》像の胎内に白檀《びゃくだん》三寸の弥勒仏《みろくぶつ》が納められ、

その首中に唐招提寺舎利一粒がこめられた。

⑧康元元年（一二五六）僧寂澄《じゃくちょう》は山城相楽郡《そうらくぐん》の随願寺華台院《ずいがんじけだいいん》に地蔵菩薩を造立するが、その眉間《みけん》に唐招提寺の舎利一粒をこめている。

⑨文永七年（一二七〇）西大寺叡尊《えいそん》は、前年秋に唐招提寺舎利を感得し、三尺の金銅宝座を造立し一粒を納めた。

⑩また文永十年に興福寺の学僧経玄《けいげん》は騎獅文殊《きしもんじゅ》像を発願し、胎内に納めた願文など十五種のひとつ、『金剛般若経』の軸の中に唐招提寺舎利をはじめ三粒の仏舎利を納めた。経巻の軸端等に舎利を納めた例は文献には散見するが、実物の遺例はこれを含めて二点しかなく、非常に貴重とされている。

⑪弘安十年（一二八七）真言僧重如《じゅうにょ》は室生寺《むろうじ》に大神宮御正体《みしょうたい》の白銅の鏡を奉納したが、その三面宝珠《ほうじゅ》には唐招提寺・東寺・西大寺の舎利が納入された。

⑫東福寺第三世で南禅寺開山《かいざん》でもある無関普門《むかんふもん》禅師（大明《だいみん》国師＝一二九一寂）の木彫像内から、水晶五輪の小塔が発見された。五輪塔の中には小さな金の筒に舎利五粒が奉納されていた。五輪塔の包み紙には寛政元年（一七八九）の追記だが「鑑真将来舎利五粒」と記されている。

⑬八坂《やさか》の塔として知られる京都東山の法観寺の塔は、永享十三年（一四四一）の再建だが、このとき納められたとみられる水晶五輪塔は、江戸時代に八角の筒に入れられ、さらに円筒で保護されていたが、その円筒には明和四年（一七六七）の寄進銘が刻まれた「招提寺三千粒舎利一粒……」とみえる。

鑑真和上将来の仏舎利の分布をあげてみたが、もとより、これらはごく一部にすぎまい。それにしても、多種多様に崇仰《すうぎょう》されてきたことが知られる。

近年のことで記しておかねばならないのは、昭和六十年のイギリス・ロンドンの平和仏舎利塔への分布である。八十一世長老と日本山妙法寺故藤井日達《にったつ》大上人との友誼による。長老は戦前、日達大上人から頂戴したインド・ブダガヤ大塔金剛宝座の菩提樹の葉を大切にしておられた。日達大上人が示寂された年、ロンドン・テムズ河畔に仏舎利塔が完成した。分布の要請をうけて、鑑真和上が将来されたときのごとく再現しようと、ガラス工芸家、由水常雄氏復原の蕪形の舎利容器の中に、金銀の筒に舎利三粒を納め、復元した方円彩糸花網で包んだ。いまは金亀《きんき》舎利塔の容器も日供《にっく》舎利塔も開くことができない。そこで八十世北川智榮長老から授かった二粒と、伝香寺故徳田明本師が授かっていた一粒が納められた。ロンドンへは長老自ら捧持して落慶式に臨まれた。

第四章　護法のこころ

1. 戒律復興のさきがけ実範

いつころから記されてきたものか、一度調べてみようと思いながらそのままになっているのだが、毎年の暦《こよみ》の五月十九日の欄には、きまって「奈良唐招提寺うちわまき」とある。うちわまきがすでにひとつの民間習俗とされてきたことを意味している。「うちわまき」ばかりが有名となっているわけだが、この日、五月十九日は唐招提寺中興の祖・覚盛《かくじょう》上人（一一九四―一二四九）の忌日法要の日である。覚盛上人が西大寺《さいだいじ》叡尊《えいそん》とともに南都《なんと》仏教の復興、戒律復興の花を開かせ得たのは、解脱《げだつ》上人貞慶《じょうけい》（一一五五―一二一三）によるところだが、さらに八十年ほどさかのぼって、そのさきがけとなったのは実範《じっぱん》上人（?―一一四四）である。

実範は『元亨釈書《げんこうしゃくしょ》』『招提千載伝記《しょうだいせんざいでんき》』などによると「諫議太夫顕實第四子也《がんぎたいふあきざね》」という。藤原実顕《さねあき》の末流に属するいわゆる受領層《ずりょうそう》（諸国の長官、国司級）に属し、資平《すけひら》・資仲《すけなか》・顕《あき》実《ざね》・資信《すけのぶ》と続く。資平は大納言《だいなごん》にまで昇ったが、その後は没落の傾向にあり、実範の父顕実がようやくにして参議になったのは五十八歳、長男の資信はもっと遅く六十九歳に至ってのことで、権中納言が極官であった。

『尊卑分脈《そんぴぶんみゃく》』によれば、実範の兄弟は六人が明らかだが、この家系を一躍著名にしたのは第三子、つまり実範のすぐ上の兄の相実《そうじつ》と実範であったという。ちなみに実範の二人の弟も出家している。相実は三井寺《みいでら》にあって台密《たいみつ》（天台密教）の名匠《めいしょう》碩学《せきがく》として名高い。

実範は天養元年（一一四四）九月十日に寂したが、その寂年齢は詳《つまび》らかでない。ただ長兄の資信が没したのが保元《ほげん》元年（一一五六）七十七歳のときであったから、その誕生は承暦《しょうりゃく》四年（一〇八〇）となる。実範が生まれたのがこれより五年ないし十年後とみると、一〇八五―九〇年と推算できよう。実範の寂年齢は五十五歳から六十歳、兄の相実の没年は永暦《えいりゃく》三年（一一六五）というから八十歳ぐらいとみられ、実範は相実よりもはるかに短命であったと思われる。

実範が戒律復興、律宗中興のさきがけといわれる所以《ゆえん》は、天永二年（一一一一）に唐招提寺に入り、永久四年（一一一六）に伽藍《がらん》を修理し、その翌年には東大寺戒壇院で行《ぎょう》尊《そん》・覚行《かくぎょう》ら三十五人に戒を授け、さらに保安《ほうあん》三年（一一二二）に『東大寺戒壇院授戒式』を撰したという事歴などによって明らかである。

実範の唐招提寺入寺に際して、いわゆる夢告譚《むこくたん》が記されている。戒律衰微を憂えた実範が、春日社にその復興を祈願していたところ、ある日夢の中に春日から唐招提寺へ一本の銅樋《どうひ》がまっすぐにのびたという。夢から覚めた実範はそれに導かれて唐招提寺を訪ねた。

ところが寺は荒れて一人の僧らしき姿もみえない。近くで田を耕す老人に、唐招提寺の僧に戒律の伝持を受けたいと話したところ、寺内の一室に招じられ、しばし待っていると、衣を整えて現れたのは先ほど田を耕していた老人であったという。

凝然《ぎょうねん》の『唐招提寺解《げ》』にはこの老僧を戒光《かいこう》という僧とするが、『元亨釈書』にはこの人の名をあげず「禿丁《とくてい》」とするだけである。『律宗綱要』は「一般老徳《いっぱんろうとく》」と称している。『千載伝記』はこの一般老徳という呼称を採用して唐招提寺長老の一代としている。

それは凝然が承平《しょうへい》元年（九三一）から天仁元年（一一〇八）までの百七十八年間「不知宗綜人名（宗綜の人名を知らず）」と記しているのを、何とかつなげようと、歴悰《れきそう》・空茂《くうも》・戒光という三人の名を探り出したのだが、かりに一人五十年とみても約三十年の空白を生じる。そこでやむなく僧名を得ぬまま一般老徳という一代を仕立てざるを得なかったのである。

唐招提寺が当時、「院宇廃替《いんうはいたい》して僧衆居らず、庭廡《ていぶ》の間、半ば田疇《でんちゅう》となる」と記しているのだが、律宗の衰退期にあった当時をいささか極端に描いたものと思われる。

『天野山金剛寺文書』によれば、天仁二年に源海《げんかい》という僧が東大寺戒壇院で別受戒を受けたとき、証明師の一人として唐招提寺芳静《ほうじょう》の名がみえている。嘉承《かしょう》元年（一一〇六）の撰という『七大寺日記』の著者大江親通《ちかみち》が寺を訪ねたときも、寺僧に出会い案内をうけていたにちがいない。

実範が中川上人《なかのかわ》と号されたのは、笠置と忍辱山《にんにくせん》に至る分岐点にあたる「中の川」の地に新たに中川寺、すなわち成身院を建立したことによる。

東大寺の故堀池春峰氏の「大和中川寺の構成と実範」と題する論文（昭和三十六年）にくわしいが、成身院の名は真言密教の金剛界の成身会になぞらえたもので、真言・法相《ほっそう》・天台の三宗を学ぶ寺とされ、建立は天永三年（一一一二）にはじまり三年後の永久二年に完成したとされる。とすれば、実範はその完成を機に唐招提寺伽藍の修復に着手したことになる。

実範が伽藍を修理しようと奏上したとされる永久四年、『殿暦《でんりゃく》』の三月六日の条に「二月二十六日関白藤原忠実は春日社の新造の塔御仏内に招提寺舎利五粒を奉篭《ほうろう》、五粒を壇所に渡した」とある。

実範は伽藍修理の奏上に際して鑑真和上将来の仏舎利を上覧《じょうらん》に供し、そのとき分舎利され、春日御塔《みとう》に納められたと考えることもできる。

堀池氏は、実範の本領は中川寺を拠点とした顕密《けんみつ》にあったといわれる。その伝によると、幼くして興福寺に入り法相《ほっそう》を学んだという。おそらく十歳ぐらいで剃髪《ていはつ》したとみられる。その後、醍醐寺の厳覚《げんかく》について東密《とうみつ》を学び、比叡山横川《よかわ》の明賢《めいけん》について天台の止観《しかん》を学んだ。さらに教真《きょうしん》からも密教を伝授されたというが、これらは唐招提寺をたずねる天永二年までになされたとみられるから、二十五歳ごろまでのことである。

また、中川寺建立までの間に忍辱山円成寺《えんじょうじ》に止住したこともあるという。さらに高山寺《こうざんじ》文書《もんじょ》に天永元年（一一一〇）の宮中真言院後七日御修法《ごしちにちみすほ》（玉体すなわち天皇の安穏を祈願して御衣を加持する法要）の十僧の中に実範の名が初見《しょけん》され、永久六年（一一一八）以降の御修法の交名《こうみょう》（出仕者の名簿）に再三その名を見出すことができるという。

『東大寺戒壇院授戒式《じゅかいしき》』（授戒を行う法則）一巻の撰述は、諸宗を研究していた実範が律学の頽廃《たいはい》を深く歎いて、ついに復興を志したのだと伝えられるが、凝然の著作では興福寺西金堂衆《さいこんどうしゅう》の欣西《きんぜい》らに請《こ》われて撰述されたとなっている。

ことに『唐招提寺解』では、保安《ほうあん》（一一二〇—一一二三）のころに春日社八講《はっこう》の席上、興福寺学侶《がくりょ》の評議に、東西金堂衆《こんどうしゅう》（東金《とうこん》堂、西金《さいこん》堂に付属の堂衆の僧）の律学の衰微により、東大寺戒壇授戒の作法もあって無きが状態であり、律学を学び、戒法を興隆しようとする議が論じられている。

その結果、南勝房《なんしょうぼう》欣西らが実範を訪ねて学侶が群議したことを告げ、授戒の法則撰述に至ったのだという。この『授戒式』が実際に活用されたか詳《つまび》らかでないが、戒律を認識しようとする機運が高まりつつあったことはたしかのようである。

さて、さきの「一般老徳」について堀池氏が「禿頭《とくとう》の老人を配することによって、実範の戒律復興の意義を一段と強調したのではなかろうか。私には禿頭の老人の姿にこそ、律僧が政治面に介入せず、鑑真以来の律儀を忠実に伝えんとする律僧本来の在り方というか、実践が暗示されていると思う」と述べておられるのを読んで、いささか安堵《あんど》している。

2. 戒律を伝承した覚盛と叡尊

お盆には先祖の霊が、子孫の家に帰っておいでになる。墓地を清掃し、香花を供えてお迎えするわけだが、唐招提寺では八月六日早朝から墓参りをする。ひとつひとつ先師の墓石を洗い清め、読経するこの日は、創建以来千二百年の歳月と、幾多の先師に思いを馳《は》せて、感慨もひとしおである。

鎌倉時代、南都《なんと》仏教の復興は戒律の復興であったといわれる。その指導的立場にあったのが、唐招提寺中興の覚盛《かくじょう》上人（一一九四―一二四九）と、西大寺《さいだいじ》中興開山の叡尊《えいそん》上人（一二〇一―一二九〇）であった。

もっとも現今の学者は、民衆教化・社会福祉事業の観点から、叡尊こそは大宗教家としてとりあげ、覚盛をあげようとする人は少ない。

しかし、戒律運動については、覚盛が主であり、叡尊は従であったと指摘される。覚盛はその種を蒔《ま》くために耕田配肥に努力をして涙ぐましいものがあったが、一方の叡尊はその徳と声望とで、収穫を完了し得たのではないか、ともいう。

私はこの両師を比較して甲乙長短をつけるつもりはない。もし長短をいうとすれば、寿命についてだけである。覚盛が五十七歳で早逝したのに比して、叡尊はなんと九十歳の長寿であった。覚盛の師席《しせき》をついだ證玄《しょうげん》（一二一〇—一二九二）も、叡尊の二年後に没している。つまり叡尊は、覚盛師弟二人分の天寿を授かったのである。

覚盛・叡尊による戒律復興は、嘉禎《かてい》二年（一二三六）東大寺大仏殿での自誓受戒《じせいじゅかい》にはじまるといわれる。平安遷都《せんと》とともに、南都の仏教は次第に衰微をよぎなくされた。比叡山とそこから派生した新宗派と、旧仏教と呼ばれる南都仏教の基盤の相違は、戒律の受持にあった。鑑真和上以来の戒律を踏襲し堅持することこそ、南都仏教の面目であった。

戒律の復興をまず叫んだのは中の川の実範《じっぱん》上人であった。これを継いだ解脱《げだつ》上人貞慶《じょうけい》（一一五五—一二一三）は、弟子を勉励して戒学を振興しようとした。それにこたえた覚真《かくしん》は興福寺に常喜院を建てて、二十人の学生《がくしょう》に衣食の道まで備えて、律学者の養成に努めた。また戒如《かいにょ》は西大寺で盛んに律を講じた。しかし戒律の学は興ったが、正式受戒の十師をそろえることはできず、受戒の作法は実際に行い得なかったのである。

覚盛は建久四年（一一九四）に生まれ、興福寺に入り法相《ほっそう》を学んだが、建暦《けんりゃく》二年（一二一二）に常喜院試業の一人に選ばれた。その後高山寺《こうざんじ》の明恵《みょうえ》上人に華厳を、戒如の下で律宗を研鑽した。だが受戒作法は決められたようにできない。かかる場合こそ、瑜伽論《ゆがろん》や占察経《せんさつきょう》などに説かれる自誓受戒《じせいじゅかい》が行われるべきである、と覚盛は考えた。

自誓受とは、仏前において大乗の三聚浄戒《さんじゅじょうかい》を自ら誓う方法で、仏を戒師と仰いで精神的に受戒する方法である。この通受《つうじゅ》の自誓受で好相《こうそう》を得れば、すなわち戒を得たことになる、と瑜伽論等に説かれている。好相を得るとは、禅定《ぜんじょう》の中に仏が現れることを祈り、仏の姿をみることができればその仏が受戒を証明してくれるというもの。

『伝律図源解集《でんりつずげんげしゅう》』によれば、ある日覚盛は長谷寺参詣《さんけい》の途中、釜口《かまのくち》の南の柳本《やなぎもと》神社のあたりで雨に遭い、拝殿で晴れるのを待ちながら、ある人に瑜伽論と占察経の文に、通受自誓受戒でも、比丘《びく》の性《しょう》を成ずることができると、説かれていることを語った。これを伝えきいた叡尊は大いによろこび、律法興行の企てであるときは、必ず同心して再興に加わることを誓ったといわれる。

叡尊は覚盛より七つ年下の建仁元年（一二〇一）の生まれである。東大寺で剃髪《ていはつ》したのち醍醐や高野山で密教を学び、衆生を利益《りやく》することを誓願したが、「仏道は戒なくして到達できるものではない。戒を犯すものは仏弟子でない」という弘法大師の遺誡《ゆいかい》に心を打たれ、受戒発得を求めていた。

このころの事情は、叡尊自身の書いた『感身学生記《かんじんがくしょうき》』に詳しい。嘉禎元年（一二三五）西大寺に住した叡尊は、円晴《えんせい》から『四分律』全十二巻のうち四巻を聴聞《ちょうもん》した。

そのころ、次の竪義《りゅうぎ》（法相教学の試験）の役に備えて『表無表色章《ひょうむひょうしきしょう》』を研鑽していた覚盛を訪ね、十七日間その教えをうけた。自誓受では通受戒は受得できても、比丘戒は得戒できないのではないかというのが、叡尊の疑義であったが、覚盛の説示によりこれを晴らすことができた。覚盛はのちに、いくつかの著述でこれを示している。

叡尊は翌年、『行事鈔』の残り八巻を独学した。ふたたび覚盛を訪ねると、覚盛・円晴・有厳《ゆうごん》の三人は、すでに行《ぎょう》に入り好相を祈請《きしょう》していることを知らされた。

叡尊は好相行に入るまでに、『行事鈔』を二遍読了することにしていた。一遍は終えていたが、もう一遍を急いで精力的に読了したのち、約二週間をかけて、比丘の二百五十戒の条文を列記する『四分《しぶん》戒本』を暗誦《あんしょう》した。すでに三人は好相を得たと聞いて悲嘆するが、遅れをあせる心をおさえて、大仏殿で通夜祈請し、ついに好相を得た。

四人は東大寺羂索《けんさく》堂（三月堂）に参籠《ろう》すること七日間、三時に行水（水をかぶり）して心身を浄《きよ》めて好相を成就した。そして九月一日には円晴と有厳が、翌二日には覚盛と叡尊が、それぞれ他の二師を証明師として沙弥《しゃみ》戒を自誓した。また三日、四日には比丘戒を受得し、ここにいわゆる「自誓四哲《じせいしてつ》」が誕生した。

この自誓受については、当時も批判的意見が少なくなかった。そうしたこともあって、自らを律して厳格を極めた真摯《しんし》なさまがうかがえる。

覚盛・叡尊は、その後布薩《ふさつ》や講律にはげむが、ことに覚盛が、比丘、比丘尼をはじめ優婆塞《うばそく》、優婆夷《うばい》に至る、いわゆる七衆の、本来的な教団の姿を、早く実現させようといかに努力していたかは、次のことでも察せられる。

寛元三年（一二四五）、泉州（大阪）家原寺《えばら》で別受戒が行われた。別受とは四分律に定める比丘二百五十戒、比丘尼三百四十八戒を、三師七証《さんししちしょう》という十人の師をそろえて如法《にょほう》（決められたとおりに）に受戒するものである。覚盛が戒和上となったが、これが自誓受後に授戒作法を行った最初であり、嘉禎三年から九年目であった。

およそ律の定めとして、受戒の和上は十夏《じゅうげ》（十回夏をこえる）を経過することを要する。もしこれをおして和上となれば、受者は戒を得るけれども、戒師は罪を得るとされる。叡尊はこれを翌年にしてはどうかと主張した。しかし覚盛は、人の命は期しがたく、もし資格を手に入れた私たちが一命終わるときは伝戒ついに機を失うことになる。受者が得戒すれば、戒を伝えていくことができよう。それによってたとえ私が罪を得ることがあっても、自分はそれで満足だという。この言葉に叡尊も感激し、これに従ったという。

覚盛は寛元二年、詔勅により唐招提寺に入った。しかし居ることわずか六年、建長元年（一二四九）五月十九日、五十七歳で寂した。

叡尊のめざした衆生利益、すなわち社会福祉の教化活動は、ちょうど覚盛が世を去ったころからである。戒律を関東に広めた忍性《にんしょう》（一二一七―一三〇三）というよき弟子を得て、その実が増幅された部分もあろう。一方三十歳の若さで覚盛の法席を継ぐ證玄は、戒律の根本道場である唐招提寺の、伽藍《がらん》の復旧修理という重責を負うことになる。

覚盛と證玄、叡尊と忍性、この四人の師弟は、別々の二組ではなく、たとえば一連の数珠《じゅず》のように、連なりつつそれぞれの分を成就したのである。この人と人とを結んだ糸とは留法《るほう》――法を留めようとする強い意志だったにちがいない。

3. 二師を支えた證玄と忍性

十数年も前になろうか、たしか「青垣山」と題して、奈良をとりまく山々を紹介する読み物が、奈良新聞に連載されたことがある。

よく晴れた日、雲がふき払われた空のすそに、さまざまな尾根が描く稜《りょう》線は、すがすがしく美しい。

人の生涯も山のすがたに似たところがある。山の高低は問わず、その生きざまや業績は、さしずめその人の稜線ということになろうか。鎌倉時代、南都《なんと》戒律の興隆に燃えた覚《かく》盛《じょう》・叡尊《えいそん》のことは先にふれたが、二人の弟子證玄《しょうげん》と忍性《にんしょう》の足跡も、対照的ながら、あざやかな稜線を残した。

證玄は承久二年(一二二〇)に生まれ、十五歳で興福寺常喜院の覚盛の徳を慕って得度《とくど》した。以後つねに覚盛に師事し、師に随《したが》って唐招提寺に入ったのは二十五歳であった。五十一歳で勅により唐招提寺長老の座についた覚盛が、いることわずか六年で世を去ったことは、證玄にとって思いもかけぬ出来事であったろう。

生前、覚盛は衰微した唐招提寺伽藍《がらん》の復興の意義や抱負を、熱っぽく説いたであろうし、叡尊も自分は民衆の中に戒律を根づかせることにつとめるから、ぜひともこの根本道場を末永く律の拠点となるよう、堅固に復興してほしい――といったことを語っていたにちがいない。覚盛に対する世の期待は、そのまま證玄が背負うところとなり、それは師の存在意義をも左右するような大任であった。

一方忍性は、覚盛・叡尊によって畿内に復興された戒律を、自分は関東へ広めようと、三十六歳の建長四年（一二五二）常陸《ひたち》（茨城）へ旅立った。やがて鎌倉極楽寺の開山《かいざん》となり、北条氏の庇護《ひご》を得て、活動を展開したことはすでに知られている通りである。

唐招提寺の伽藍について、このころの記録をひろうと、文治元年（一一八五）七月の地震で中門《ちゅうもん》や千手観音像が倒れ、修理したことが像の修理銘にある。建仁二年（一二〇二）には貞慶《じょうけい》が釈迦念仏会《しゃかねんぶつえ》を始修《ししゅう》するにあたり東室《ひがしむろ》を修理した。また仁治元年（一二四〇）には鼓楼《ころう》が上棟されたなどがある。

造営以来四百年を経て、どの堂も疲弊していたのであるが、大檀越《だんおつ》をもたないため、これを修理する資力をもたなかった。こうした状況下で法席を継いだ證玄の苦悩は、察してあまりある。

住持となって六年後の建長七年（一二五五）に東塔《とうとう》が、その翌年に金堂《こんどう》と本尊盧舎那仏《るしゃなぶつ》像が修理された。その際に出された勧進札《かんじんふだ》があり、いずれも勧募によったことが知られる。しかしわずか十五年後に再び金堂が修理されているところをみると、その修理も十分ではなかったのである。建長七年、興福寺にあてた牒状《ちょうじょう》には、修理の大功を遂げるため、舎利を興福寺近辺に出して、有縁《うえん》知識の施物を求めることを許してほしいと、窮状を訴えている。

その後の約十五年は修理の記録がなく、もっぱら勧進に奔走していたのである。文応元年（一二六〇）にも、勧進に興福寺の助援《じょえん》を請う旨の文書がある。これがようやく実を結ぶのは文永年間（一二六四―一二七五）以降である。

文永七年に至って金堂と千手観音像の修理が成り、戒壇院実相《じっそう》上人を導師として、千僧供養による盛大な落慶《らっけい》式が行われた。呪願《じゅがん》師をつとめた證玄は五十一歳になっている。ついで五年後の建治元年（一二七五）には講堂が修理された。

弘安元年（一二七八）に食堂《じきどう》、同四年には東鎮守社竜神殿、翌五年には金堂薬師如来像、同七年には東室と、ここに至って修理や再建が精力的に進められた。

弘安七年（一二八四）九月には戒壇の再興も成り、證玄自ら戒和上となって三日間の授戒会が厳修《ごんしゅう》された。続いて翌年三月には正法寺の尼衆が登壇受戒した。この両授戒には八十四歳の叡尊も戒師となっている。律の総本寺である唐招提寺の戒壇で授戒を行うことは、師の覚盛がもっとも悲願としていたことであろう。ついにそれをなし得た弟子證玄は感涙にむせんだにちがいない。

この年五月、舞楽台が新造された。これは舎利会《え》に用いられたもので、毎年五月六日鑑真和上の忌日法要として行われた。舎利会は、すでに文永七年（一二七〇）に修された記録があり、現存するさまざまな法会所用具とあわせて、本格的な盛儀がとり行われたのである。

弘安十年に着手された講堂本尊弥勒仏《みろくぶつ》像の修理は、実は新たな造像であると指摘されているが、この像の開眼《かいげん》は證玄の寂後となる。

主要伽藍の整備がほぼ落着したからであろう、正応元年（一二八八）四月には本坊として牟尼蔵院《むにぞういん》が創建された。かつて覚盛は住房として應量坊《おうりょうぼう》を建てたが、手狭になっていたのである。この建物は後に退転するが、校倉《あぜくら》宝蔵の北あたりに位置した。また正応四年には湯屋が再建された。弘安十年に造営された僧厠《そうし》（便所）とともに、僧房生活に必須の施設である。

正応三年（一二九〇）八月、叡尊が病についたという報に、證玄はすぐさま西大寺《さいだいじ》に見舞った。證玄にとって叡尊は、かつて師との交流を間近に見、覚盛亡きあとは師とも仰ぎ指導を得た人である。八月二十五日その生涯を閉じると、證玄は葬送をはじめ七七日、百カ日の導師を勤めたほか、律の規則に基づいての分亡物《ぶんぼうもつ》の羯磨《こんま》（遺品分けの差配）をも勤めている。

その證玄も、二年後の正応五年八月十四日、七十三歳の生涯を閉じた。その四七日にあたる九月十二日には忍性が導師となり僧衆四百余人、尼衆二百余人が集まって、講堂弥勒像の開眼供養が行われた。

三周忌にあたる永仁二年八月十四日には、金堂本尊盧舎那仏が開眼された。導師には叡尊のあとを継いだ西大寺の慈道《じどう》を迎えて、千僧供養が行われ、千領の袈裟《けさ》が引施《いんせ》されたと伝えられている。これこそ證玄の四十三年に及ぶ伽藍復興のフィナーレだったのである。

忍性は證玄より三歳年長であった。師の叡尊との出会いは、延応元年（一二三九）二十三歳のときである。『律苑僧宝伝』によれば、叡尊に師事するかたわら、覚盛からも『梵《ぼん》網《もう》経』をはじめ律を習学したという。

忍性が入宋《にっそう》を志したことは、あまり知られていない。忍性二十七歳の寛元元年（一二四三）のことである。自分は鈍機《どんき》だから戒律を学んでも人を導き益することができない。せめて入宋して律の章疏《しょうしょ》（解釈書）を請来し、末学の助けをしたいと師の叡尊に願い出た。だが、叡尊はこれを強く慰留したので、忍性も思いとどまった。

ところが、いっしょに行こうと忍性の誘いをうけた覚如《かくにょ》の意志は固く、たとえひとりでも行くという。かつて大仏殿での自誓《じせい》受戒をした一人である有厳《ゆうごん》は、すでに老齢であったが、これに同情し、ともに入宋することになった。そこで叡尊もやむなく弟子の定舜《じょうしゅん》を随行させた。五年後の宝治二年（一二四八）一行は無事に帰国した。忍性は九州まで出迎えている。

七十三巻を一具とする律三大部二十具が請来され、西大寺と唐招提寺に各十具が配分されたという。唐招提寺分は不明だが西大寺分については配分状があって、関係寺院に配分されたいきさつが伝えられている。このとき請来された律書が、両寺の衆僧に大いに益したであろうことはいうまでもないが、その発端が忍性にあったことは興味深い。

晩年の忍性は東大寺大勧進《だいかんじん》、四天王寺別当《べっとう》職など畿内での要職にあたるが、その間正応五年の叡尊の三回忌に導師を勤めた。唐招提寺講堂弥勒像の開眼はこの直後である。

證玄と忍性とは、ともに、かつて泉州《せんしゅう》（大阪）家原《えばら》寺で行われた別授戒の受者であった。

律の総本寺復興をなし遂げた同法侶の證玄に対する、忍性の思いは格別なものがあったようである。それがのちに『東征伝絵巻』五巻の施入につながったとみられる。絵巻は鑑真和上の伝であるから、もとより和上の遺徳をしのび鑽仰《さんぎょう》してのことであるが、絵巻の見返しにある施入銘には「永仁六年八月日」と記されている。あたかも、それは證玄の七回忌の祥月《しょうつき》にあたる。

4. 和上伝を絵巻にする

毎年六月六日、唐招提寺では鑑真和上のご命日の法要「舎利会《しゃりえ》」、その前の五日は、いわゆる逮夜《たいや》にあたり、御宿忌《ごしゅっき》とよばれる法要が夕刻に営まれる。御宿忌の法要では鑑真和上の遺徳をしのぶとともに、和上に有縁《うえん》の人々の過去帳がよみあげられる。それには新田部《にいたべ》親王にはじまる三十四人の名が記され、一の弟子であった祥彦《しょうげん》や、法進《ほっしん》、思託《したく》から如宝《にょほう》に至る随従来朝の人々のほか、栄叡《ようえい》、普照《ふしょう》や道忠《どうちゅう》、忍基《にんき》、賢憬《けんけい》などわが国で教えをうけた僧も含まれ、真人元開《まひとげんかい》に終わっている。

かつて、相撲の貴乃花が横綱になったとき、「不惜身命《ふしゃくしんみょう》」という言葉が突然にとび出してびっくりもし話題にもなった。彼はこの言葉を辞書でみつけたというのだが、全身全霊で、身魂を傾けて——という意味でとらえたようだ。

「身命を惜まず」つまり命をかけてということの言葉、かってはもっぱら鑑真和上に捧げられた言葉であった。前後十二年、五度の挫折をのりこえ、辛苦《しんく》の末に来朝され、わが国に戒律を伝えた和上にこそ、この言葉がぴったりだったからである。

和上の伝記『東征伝』は、天平宝字七年（七六三）に和上が示寂されてから十六年後の宝亀十年（七七九）に真人元開により撰述された。これをもとに鎌倉時代につくられたのが『東征絵伝』あるいは『東征伝絵巻』とよばれる五巻の絵巻で、永仁六年（一二九八）八月、鎌倉極楽寺の忍性《にんしょう》（一二一七―一三〇三）が唐招提寺へ施入したものである。

鎌倉時代の南都《なんと》仏教の復興は、鑑真和上将来の仏舎利を奉じての戒律復興であった。覚《かく》盛《じょう》――證玄《しょうげん》、叡尊《えいそん》―忍性の師弟四人が連珠のごとくに力を合わせての成果は大きかった。

忍性は文永四年（一二六七）極楽寺開山《かいざん》となるが、建長元年（一二四九）に五十七歳で早逝した覚盛のあとを、證玄が継いで間もないころ、関東へ赴いた。師の叡尊の南都での教化に対し、自分は関東の地に戒律を弘布《ぐふ》しようと決意してのことであった。その根幹に鑑真和上がおられたのはいうまでもない。

證玄の四十余年にわたる唐招提寺住持《じゅうじ》は、まさしく伽藍《がらん》の修復にあけくれ、ほとんどすべての堂や諸像に及んだ。それは、戒律の根本道場の復活であり、その進捗《しんちょく》状況は鎌倉にいる忍性にも伝わっていたにちがいない。

講堂の弥勒《みろく》坐像も再興され、開眼《かいげん》供養をするばかりになっていたのだが、證玄は正応五年（一二九二）八月十四日、七十三歳をもって寂した。その四七日にあたる九月十二日に、忍性が導師となって弥勒坐像が開眼された。忍性が絵伝の製作施入を思い立ったのはこの時かとも思われるが、もっと早く證玄との間で話がまとまっていたのかもしれない。

経典にみえる説話や教説にもとづく内容を絵解きした例は、すでに奈良時代に『絵因果経《えいんがきょう》』があるが、十二世紀後半、藤原時代から鎌倉時代に移るころには、経典説話絵巻の製作がいよいよさかんとなる。祖師や高僧の伝記に対する関心も高まり、その絵解きが流行する。嘉禎《かてい》三年（一二三七）の『法然上人絵伝』はその端緒といわれる。

漢文体の『東征伝』をよりわかりやすくしたい、との思いは證玄のかねてからの念願であったろう。和上の忌日法要である舎利会が盛んに行われたこととも関連して、そこに集う人々に開陳するという企図もあったであろう。永仁六年が證玄の七回忌にあたる年であることから考えると、生前の證玄に忍性が約束していたと考えることも、あて推量でもないように思われる。

『東征絵伝』五巻のうち第二巻を除く各巻には奥書《おくがき》がみられ、画工と筆師が明記されている。詞書《ことばがき》の方は五人の筆師が一巻ずつを書いたとみられ、明記されている四人はいずれも鎌倉幕府の北条氏にゆかりのある人で、かつ忍性に帰依《きえ》していた人々といわれる。

五巻全部の絵を描いた画工の六郎兵衛入道蓮行《にゅうどうれんぎょう》については経歴がまったく知られてい

ない。もと武士で、入道して蓮行と称したのであろう。このころの鎌倉にはすでに禅宗が根をおろしていた。中国禅僧の渡来とともに船載された中国画のなかでも、宋元の仏画を画家たちはさかんに学んでいて、水墨画の素地がつくられつつあったという。

さらに京都や南都の絵師も下向《げこう》し交流がさかんであったという。蓮行もそうした中で画家としての修業を積み、船載画にも多く接する機会に恵まれたであろう。倭絵《やまとえ》とともに唐絵《からえ》の技法をも摂取していたとみられている。

『東征絵伝』の特色として、それまでの絵巻にはない水墨画の描法が多く採り入れられていると指摘される。それは、舞台の大部分が中国であり、中国の風物の描写が必須《ひっす》であるところから、積極的に新渡の中国絵画のさまざまな形式を採用することに迫られた。そしてそれは成功し、この時期に中央の京都でつくられた『一遍聖絵《いっぺんひじりえ》』『法相宗秘事絵巻《ほっそうしゅうひじえまき》』などの作品と異なった画風がかもし出された。わが国の絵画史・絵巻物史に「貴重な遺例としてまことに意義深い作品」というのが研究者の評価である。

詞書は『東征伝』によっているが、単に和文化しただけでなく、書き加えられたところや省略されたところもある。例えば第五度の渡海の企てが海南島漂着となり、陸路を揚《よう》州《しゅう》へ戻る途次、普照は和上と別れてひとり越州《えっしゅう》（中国浙江省）へ去るのだが、『絵伝』では辞去を申し出る普照に、和上は思い止まらせた――となっている。また、和上の失明についでは全く触れない。

『東征伝』以外からは、一カ所だけ豊安《ぶあん》が天長八年（八三一）に書いた『鑑真和上三異事《さんいじ》』から挿入されている。第一巻に揚州大明寺《だいめいじ》で経論を講じたとき、石の塔婆より光を放ち、邪見のともがらを降伏せしめるため三目六臂《もくぴ》の般若仙《はんにゃせん》に姿を変えるなどの奇瑞《きずい》があったという話である。

詞書の作成者は明らかでないが、忍性自身であろうと推測されている。『東征伝』は現今でも現代語訳しようとすれば相当な補注を要する。忍性であれば、和上についてや戒律をはじめとする仏教用語にも深い知識と理解が得られる。

さらに、以前にも記したが、和上一行を乗せた遣唐副使の第二船が、沖縄から屋久《やく》島までの航行日数を、忍性はきちんと読みとっていた。現存の『東征伝』のすべての写本がこの部分を「(十二月六日）第二ノ船シテ多祢ニ向ヒ去ル、七日益救島ニ至ル」と送りガナを付している。この「七日」は本来たとえば「七日ニシテ」つまり七日かかって、とあるべきところだが、現今の研究者も送りガナをそのまま受け入れ「七日」を「十二月七日」ととってしまっている。忍性は「七日シテ」と原漢文をきちんと理解し、『絵伝』の詞書で、

第二の船は多称をさしてさりぬ
十二日益救嶋にいたりぬ
と正しく記していたのである。
『東征絵伝』は元禄時代の江戸出開帳《でかいちょう》でも、和上と唐招提寺の理解に大きな役割を果たした。そして現今、その存在意義はますます大とされよう。

5. 尊母のために逆修

唐招提寺の歴史をまとめた『招提千載伝記《しょうだいせんざいでんき》』を読んでいて、いつも気になっている言葉が、一度だけ出てくる「逆修《ぎゃくしゅ》」である。「逆」はあらかじめの意、つまり逆修とは死者に修する仏事を、自ら生前にあらかじめ修して往生を祈ることである。

同書の巻下之二・旧事篇に、

弘長三年丙寅九月朔。作鉾立《ほこだて》逆修。此年圓律公尊母死寂（原文の干支は癸亥の誤り）。

とある。圓律公《えんりつ》とは圓律房證玄《しょうげん》（一二一〇—一二九二）のことで、すなわち證玄が弘長三年（一二六三）母のために鉾立の地で逆修を行ったことをいう。尊母はその年他界したが、もちろん生前のことである。

『千載伝記』は元禄十四年（一七〇一）に書かれたものだが、そのもとになったのは文明六年（一四七四）の奥書《おくがき》をもつ『記録法蔵』という文献で、

一、鉾立逆修弘長三年九月一日、圓律上人御母儀入滅同年

とあるのに基づいたものである。だが『千載伝記』巻上之二にある證玄の伝には「弘長

三年師の母滅すと云う」と伝聞風に記すのみで、逆修のことは見えない。おそらく伝を書いた時点ではまだ『記録法蔵』を見ておらず、後の旧事篇をまとめたときに逆修の一件を挿入したのであろう。

去る昭和四十四年五月、塔頭《たっちゅう》の西方院にある覚盛《かくじょう》上人の墓と伝えられてきた五輪塔を整備した際、墓誌銘のある骨蔵器が発見され、実はこれが證玄の墓塔であることがわかった。いま必要部分のみを記すと「所生同国山辺郡鉾立郷人也／承久二季庚辰七月七日辰日辰剋誕生」とある。『千載伝記』の證玄の伝では「未だ民族郷里を詳らかにせず」とするが、この銘文により生年月日、出身地が明らかとなった。

すなわち逆修を行った鉾立は、證玄の生地である山辺郡（奈良県）鉾立郷で、なお健在であった尊母のためにこれを修したものであった。

師の覚盛が五十七歳で早逝したのは建長元年（一二四九）、三十歳で唐招提寺長老を継いだ證玄は在任四十三年に及ぶが、それは苦難の連続であった。というのも、戒律復興、南都《なんと》仏教復興の本所となる唐招提寺は伽藍《がらん》が著しく疲弊し、修復がまたれていたからである。

それまでにも、釈迦念仏会《しゃかねんぶつえ》を始修《ししゅう》された解脱《げだつ》上人貞慶《じょうけい》により僧坊東室《ひがしむろ》の南半分が礼堂《らいどう》として改築（一二〇二年）されたし、鼓楼《ころう》が再興（一二四〇年）されたりしているが、證玄五十歳から約二十年間に行われた諸堂修理の数はその疲弊ぶりを物語るものである。

證玄が住持して六年後の建長七年（一二五五）には塔が修理され、その翌年には金堂《こんどう》とその本尊盧舎那仏《るしゃなぶつ》が修補されたが、金堂は文永七年（一二七〇）の千手観音像修理の際にも修繕されている。わずか十五年で再び手を加える必要があったわけで、先の修理が十分に行われ得なかったからによろう。

最大の悩みはその財源であった。勧進札《かんじんふだ》を発行しひろく大衆に勧募《かんぼ》する一方、興福寺に宛《あ》てた建長七年の牒状《ちょうじょう》、文応元年（一二六〇）勧進に興福寺の援護を請う文書の現存が、その苦渋ぶりをうかがわせる。

修理が軌道にのるのは文永年間以降である。ことに弘安五年（一二八二）の金堂薬師如来像修理と、翌年の東室再補や戒壇再興、さらに同十年の僧厠《そうし》（便所）再造、つづいて正応四年（一二九一）の湯屋院再建と、相ついで完工をみる。とくに僧厠や湯屋は衆僧《しゅそう》の実生活に不可欠であり、證玄が律院として現実に機能することを如何《いか》に願っていたか、その姿勢がうかがえる。

證玄が鉾立に尊母の逆修を行ったのは、勧進運動の最中のことであった。時に四十四歳であるから、尊母は七十歳をすぎていたものと思われる。逆修は尊母からの申し出によったものとも思われるが、あるいは證玄が母の命終の遠からざるのを察知し、行われたのかもしれない。

逆修は予修《よしゅ》ともいわれ、わが国では平安時代中期から行われたという。その典拠は『灌《かん》頂経《じょうぎょう》（灌頂随願往生十方浄土経《かんじょうずいがんおうじょうじっぽうじょうどきょう》）』『地蔵菩薩本願経』とされる。それによると、死後の追善供養の功徳は七分の一しか死者に達せず、七分の六は生者《しょうじゃ》が受ける。生前に自ら逆修すれば、その功徳を全部受けることができると説かれ、わが国の葬送風俗にも強い影響を与えたと指摘されている。

文献にみえるところでは、『百錬抄』に正暦《しょうりゃく》五年（九九四）十月二日関白道隆《みちたか》が東三条において逆修の仏事を行ったと記載されているのが最古とされる。寛弘五年（一〇〇八）には僧行圓《ぎょうえん》が洛南行願寺《ぎょうがんじ》において、八月十四日から十月三日まで、弥陀《みだ》の四十八願《がん》になぞらえて四十八講を行い、これを「法界衆生逆修のためなり」とした（『日本紀略』）。また『長秋記』保安《ほうあん》二年（一一二一）二月五日の条には、僧行尊《ぎょうそん》が二千余日のあいだ毎日法華経を供養して逆修を修したとあり、よく知られる。さらに『漢語燈録』という書には、安楽房遵西《じゅんさい》の父、外記《げき》入道の請いにより、法然上人が七七日逆修を修したときの説法が収められている。

これらによれば、逆修の方法も多様であったことが知られるが、葬送から四十九日の中陰にならって、五七日、七七日の法要そのままに行うというようにもなったようだ。證玄が行った逆修も、九月一日とだけあることからすると、一日だけであったかと思われるが、あるいは七七日の間行われたのかもしれない。證玄は三十二歳の建長三年に具支潅頂《ぐしかんじょう》を受けているから、真言密教の作法によったものであろう。

今日でも墓地の石碑によく見かける朱を入れた戒名は、生前逆修のために墓石に自らの戒名を刻み、朱によって死者と区別したもので、「逆修の朱」「逆朱《ぎゃくしゅ》」とよばれる。また生前にあらかじめ自分の位牌を作っておくことを「逆修牌」という。

ある仏教語辞典によると、命日を繰り上げて仏事を行うことをも逆修という――とある。繰り上げて法事を行うことはよくあるが、これを逆修というとなると、とまどいを感じる。あまり拡大解釈されると本来の意味が失われよう。

春秋の彼岸に多い墓参り。この機会に古来行われてきた逆修を、自分のこととして考えてみるのもよいかもしれない。

6. 生駒の竹林寺

埋蔵文化財の発見が相次ぐ昨今であるが、生駒（奈良県）竹林寺《ちくりんじ》の忍性《にんしょう》の墓の発掘も意義あることであった。

予想されたことではあるが、追葬された骨蔵器《こつぞうき》の多かったことは、上人があつく敬慕されたことを、改めて思い知らされた。

発掘された骨蔵器の一つに、刻銘が「一子宗朝」と発表されたものがあった。いったいだれの子かなどとささやかれたが、「一子」ではなく「平」であり、平宗朝なる人の骨蔵器である。詳細は不明だが、東国平氏を名のる北条一族の人であろう。

この余談はともかく、忍性は幼年から信貴山《しぎさん》で文殊《もんじゅ》菩薩の信仰を教えられた。十六歳のとき母を失って額安寺《がくあんじ》に入り、翌年戒壇院で受戒したが、延応元年（一二三九）西大寺《さいだいじ》で叡尊《えいそん》に謁《えつ》するまで、毎月行基《ぎょうき》菩薩の旧跡である竹林寺に詣《もう》でた。断食して五字呪《じゅ》を唱えたともいわれる。

忍性が月参したちょうどそのころ、竹林寺では行基信仰でもっとも画期的という事件があった。行基の寂後四百八十六年目の文暦《ぶんりゃく》二年（一二三五）、その墓所から行基の遺骨を納めた舎利瓶《びょう》が発掘されたのである。

このことは僧寂滅《じゃくめつ》によって、直ちに本寺である唐招提寺へ報告されたようで、そのときの「注進状《ちゅうしんじょう》」が現存している。それによればこの年八月二十五日、道俗心を同じくして墓所を掘ったところ、八角方柱の石を掘りあてた。

中には二重の銅筒があり、その内部に銀製の口のない水瓶《すいびょう》形の舎利容器が納められていた。瓶の首には「行基菩薩遺身舎利之瓶」と刻銘された銀の札がつけられていた。二重の筒のうち外側のものには鎖鑰《さやく》（カギとくさり）がつけられ、中側のものには銘文が陰刻《いんこく》されていたという。

大正のころ奈良・有里村の高瀬音吉さんが蔵していた銘文の破片が、いま奈良国立博物館にあり、四行十九字分がみられる。

唐招提寺には金銀砂子《すなご》を散らした厚手の斐紙《ひし》に清書された『大僧正舎利瓶記《しゃりびょうき》』一巻がある。天平二十一年（七四九）三月二十三日に弟子の真成《しんせい》が行基伝を撰《せん》したもので、銘文の全文である。

また、行基の遺骨を納めた銀瓶《びょう》を写したという「舎利瓶塔」がある。総高五十六センチの銅製で、木製の蓮台《れんだい》にすえられている。下ぶくれの徳利風の水瓶形で、円形の蓋《ふた》の上には宝瓶を戴《いただ》く九輪《くりん》がつけられている。蓋の周縁から八条の瓔珞《ようらく》と二枚の短冊形の名札を垂らし「行基菩薩」「遺身舎利瓶《ゆいしんしゃりびょう》」と籠書《かごがき》されている。これは室町時代に模されたものとされる。

『百錬抄』によると、発見されたこの舎利瓶は翌年の嘉禎《かてい》二年（一二三六）六月に京都で開帳され、民衆に広く結縁《けちえん》されたという。

忍性も当然これらを目の当たりにしたであろう。この出来事とともに、文殊菩薩の化身《けしん》とされる行基の業績が、強烈な印象として心に焼きついたに違いない。

行基を文殊菩薩の化身とする信仰は、すでに平安時代の初期に始まるという。弘仁十四年（八二三）に景戒《けいかい》が撰した『日本霊異記《にほんりょういき》』に「文殊菩薩之化《け》也」とか「是化身聖也《これけしんのひじり》、隠身之聖矣《いんしんのひじり》」とみえるのがその嚆矢《こうし》といわれ、『今昔物語』によってさらに敷衍《ふえん》された。『東大寺要録』になると聖武天皇を救世《ぐせ》観音、良弁《ろうべん》を弥勒《みろく》、行基を文殊、バラモン僧正《そうじょう》を普賢《ふげん》の化身とするようになる。

さらに、『心地観経《しんぢかんぎょう》』には「十方如来初発心、皆是文殊教化力」とあり、『文殊師利般涅槃経《もんじゅしりはつねはんぎょう》』には苦民救済の文殊が説かれている。民衆教化の僧として社会福祉事業に身を挺《てい》した行基の業績が、これらの教説に照写されて、行基即文殊といった思想・信仰が次第に高まり、鎌倉時代には全く相関関係をもって受けとられるようになった。

行基は四十三歳の和銅三年（七一〇）から数年を有里の草野仙房ですごしたといわれ、これはいまの竹林寺の付近とされる。ここに母の墓所をおき、菩提《ぼだい》を弔《とむら》ったようである。竹林寺の行基の墓所のすぐ南、がけの下に文殊山古墳があり、そのかたわらに行基菩薩の慈母の墓と伝えるところがある。

また、行基は和銅六年（七一三）に生駒谷《いこまだに》一帯を杣山《そまやま》として賜ったという。その広さは現在の生駒市域に比定される広大なものであったようだ。和銅八年にはこの杣山の木をもって菅原寺（喜光寺）が建てられたという。

さらに天平二十一年（七四九）二月二日、行基が八十二歳で寂すと、遺骸は遺言《ゆいごん》通り生駒山の東陵に火葬された。墓所には多宝塔《たほう》が建てられたが、次第に荒れ果て、やがて石塔にかわっている。

寂滅上人の「注進状」によると、天福二年（一二三四）六月のこと、慶恩《けいおん》という僧に託《たく》宣《せん》があった。石塔の間に舎利（行基の遺骨）があるから、二十六日辰《たつ》の刻（午前八時）に開いてみよ、また紺紙五枚に記したものが和泉国《いずみのくに》（大阪）大鳥郡の善光寺にあるという。

早速石塔を調べると二粒の舎利がみつかった。

しかしまだ半信半疑でいると、今度は行基の母が夢に現れて、舎利が出たのになにを疑うのか、記文は善光寺の堂の西から二番目の柱の中にあるからぜひたずねよという。その寺の池や御堂の配置までがつぶさに語られた。

行基誕生の里である蜂田郷《はちたごう》の家原寺《えばらじ》をたずねてみると、境内の様子が夢告《むこく》のとおりであった。堂は近々に補修するから、そのときに分かるだろうと寺僧はいう。その年の十二月二十五日、慶恩の房室に白煙がたちこめた。里人がかけつけてみると火はなく、その煙は行基の墓所を覆っていた。

翌年八月十一日にはまた託宣があり、二十五日に必ず廟《びょう》を掘れ、信じないで日月を空費すれば、火が出て近隣の家々に災難が及ぶであろうという。あわてた慶恩らが寂滅上人のところへ相談にかけつけ、託宣の日を期して掘ったところ、行基の舎利瓶《びょう》が出現したという。

右の話は多分に出来すぎのようである。すでに竹林寺には行基の墓所に関する口伝《くでん》か、委細《いさい》を記したものがあったはずで、託宣や夢告は寺運興隆を策して発掘するための、作り話だとする人もある。それはともかく、この舎利瓶の出現は行基菩薩の信仰が高まるキッカケとなり、内外に大きな反響をもたらした。

凝然《ぎょうねん》（一二四〇—一三二一）が『竹林寺略録《りゃくろく》』を執筆したのは、七十余年後の嘉元元年（一三〇三）であるが、竹林寺はこの間に大いに面目を一新した。行基の墓所には土台を広くして立派な高塔が建てられた。塔内には舎利瓶を納めた八角方柱の石が奉安され、中央には金色の獅子に乗る渡海《とかい》文殊像が安置された。厨子《ずし》の四面の扉内側には十大弟子、壁には顕密《けんみつ》諸宗の祖師が描かれた。

塔の西側には潅頂《かんじょう》堂が建立された。中央に毘盧遮那《びるしゃな》が安置され、左右の壁には両界マンダラが、後方には十六羅漢がまつられた。僧房や食堂《じきどう》・庫院《くいん》なども構えられ、中門《ちゅうもん》には洪鐘《こうしょう》（大きなつりがね）が懸かり、大門《だいもん》には「大聖竹林寺」の額が掲げられた。

伽藍《がらん》の造営はもっぱら寂滅上人の東奔西走の功によるという。寂滅から住持を譲られた戒壇院円照《えんしょう》は京洛に助援を求め、鷹司女院《たかつかさにょいん》の帰依《きえ》などにより、潅頂（真言密教で頭に水を注ぐ儀式）の道具などを整えた。また再三にわたって、東大寺大仏殿で行基菩薩の舎利供養を修している。

これ以後、竹林寺は律院として空寂《くうじゃく》・迎願《げいがん》・良遍《りょうへん》・円照・忍空《にんくう》らをはじめ、律学や真言密教を学ぶ多くの僧が止住《しじゅう》するところとなった。ここで撰述された著作も少なくない。

竹林寺の名はいうまでもなく、文殊の霊場で名高い中国五台山《ごだいさん》の大聖竹林寺をなぞらえたものだが、さかのぼってインドの竹林精舎《しょうじゃ》を想起させる趣を呈した。年々行基会《え》が修される一方、諸宗の教学を研鑽する者がつどい、ひたむきな修行の場とされたのである。

忍性が鎌倉に寂し、遺命により分骨埋葬されたのは、凝然がこの寺を住持したときである。生前忍性は、常に六人の弟子を遣わして光明真言を不断に行わせたという。百年後の応永九年（一四〇二）にも盛大な忌日《きにち》法要が営まれた。

いま唐招提寺には竹林寺旧蔵の什宝《じゅうほう》が多数保管されている。それらが鎌倉時代の優品《ゆうひん》であることからも、この寺が近世に至るまで、連綿と継承されてきたことが知られよう。明治七年（一八七四）四月、嘆願もむなしく、竹林寺は廃寺を仰せわたされた。

追記＝その後寺名を復活し、行基菩薩の千二百五十回忌を前に、平成九年（一九九七）鎌倉様式の本堂を落慶した。本尊文殊菩薩像を背にした江戸期の獅子は、新たに中国五台山から採集した五台（東西南北と中台）の土を踏んでいる。境域と行基菩薩墓所も整備した。地元の中尾良蔵氏は、父上の代からこの寺の護持につとめ、自ら『竹林寺の歴史』を出版して、啓蒙に尽力してくださっている。

7. 尼僧の成立

奈良には三門跡《もんぜき》といわれて、尼衆《にしゅう》寺院の法華寺・中宮寺・円照寺がよく知られている。だが、門跡寺院となったのは近世以降である。鎌倉時代の南都《なんと》仏教の復興にともなう尼僧寺院復活の話が中宮寺にみられる。中宮寺の歴史については、法隆寺高田良信《りょうしん》師の著書にくわしい。聖徳太子が御母穴穂部間人《あなほべはしひと》皇后の宮址《きゅうし》を寺とされたものといわれるが、その後衰微していたのを再興したのは、鎌倉時代の信如比丘尼《しんにょびくに》である。

信如は弘長二年（一二六二）に『霊鷲山院勤行事《りょうじゅせんいんごんぎょうじ》』をまとめ、中宮寺の毎月の仏事や年中行事を定めているから、少なくともこの年以前に中宮寺に入ったとみられる（当時は、いまの寺より一キロほど南にあった）。その事蹟《せき》は、

一、文永六年（一二六九）紙製の文殊菩薩《もんじゅぼさつ》像を造顕《ぞうけん》。

一、文永十一年（一二七四）法隆寺綱封蔵《こうふうぞう》より天寿国曼荼羅繡帳《てんじゅこくまんだらしゅうちょう》を発見。複製を作る。

一、菩薩半跏《はんか》像を本像とする――建治元年（一二七五）文献に初見《しょけん》。

一、寺観を整備し、弘安四年（一二八一）法隆寺別当玄雅《べっとうげんが》を講師として中宮寺落慶《らっけい》供養。

一、弘安五年（一二八二）『瑜伽師地論《ゆがしじろん》』百巻に移点《いてん》を加える。

などが挙げられる。ちなみに現存する『瑜伽師地論』の加点本《かてん》は、わずかに四巻のみのようだが、その「巻三十八」の一巻が唐招提寺に伝えられているのは、中興の祖覚盛《かくじょう》上人との師弟関係に照して、故なきことではない。

この信如の出家にまつわり、不思議な話が伝えられている。南都の戒律復興を誓った覚盛は、叡尊《えいそん》らと自誓《じせい》受戒を果たした後、授戒や比丘の養成に努め、寛元二年（一二四四）二月、唐招提寺長老に迎えられた。

この年四月十四日には四十余人の僧を集めて舎利会《しゃりえ》を催し、四分布薩《しぶんふさつ》を、翌日には梵網《ぼんもう》布薩を行った。布薩とは半月ごとに戒律条文に照して違犯していないかを反省する会で、『四分律』によるものと『梵網経』によるものとがある。不思議な出来事はこのあとで起こった。

布薩を終えた僧たちが集まっていると、西方からひと筋の光が差して、その光の中から背丈一丈あまりの、冠をかぶり裳《も》すそを長くひく神人があらわれた。教円《きょうえん》という僧が「あなたはどなたか」とたずねると、「三十三天主の帝釈《たいしゃく》である。覚盛師の努力で戒法が興起し、法の如く布薩が行われていることを世尊《せそん》もお歓《よろこ》びになり、私を使者としてつかわされた。

法にかなった比丘僧は整ったが、比丘尼がまだ備わっていない。女人《にょにん》が出家して尼僧になるには、先例がなくて決心もつきかねよう。そこでまず汝《なんじ》を尼にする」と言い残して姿を消してしまった。あとには香気が満ちあふれて、こつ然として教円比丘は女に転じて尼僧の姿に変わっていた。

帝釈天の意を受けた教円は故郷に帰り、姉に出家することを勧めた。姉は尼僧に変身した教円の話に感動したが、まだ決めかねていた。しかし教円の説得が実って、二十一日目に姉も出家を決意した。すると教円はふたたびもとの男の姿に戻った――という。

右の話は『律苑僧宝伝《りつえんそうほうでん》』や『招提千載伝記《しょうだいせんざいでんき》』の覚盛の伝に記されている。また、『千載伝記』の尼女《ににょ》篇には「正法寺開山信女尼伝《しょうぼうじかいさん》」「転男《てんなん》教円《きょうえん》伝」が略述され、旧事《くじ》篇には帝釈天降臨跡《こうりん》として「僧堂の東北隅に元徳元年（一三二九）、石碑が立てられた」とある。

現今ではそんなバカなと、一蹴《しゅう》されるだろう。どのような経緯でこの話が生じたかは不明であるが、覚盛が比丘尼集団の成立をいかに希求していたかを物語るものといえよう。

この話は室町時代に、法隆寺聖誉《せいよ》が書いた『聖誉鈔《せいよしょう》』巻下にもみえる。

――サテ少輔得業《しょうとくごう》ノ女《むすめ》ヲ出家セシメテ、大尼ノ戒ヲ授シメ。信如房ト名玉《なづけたまひ》ケル。伴《とも》ナクテハ叶ハヌニ依《より》テ、帝釈ノ御計《おんはからい》ニヨリ比丘僧転〆《シテ》比丘尼ト反《かえ》セル也。其後ニ比丘尼余《あま》夕出来テ伴出来《ともいできた》リタレハ、本《もと》ノ比丘僧ト成了《なりおわん》ヌ。教円房ハ比丘也。信女房法花寺《ほっけじ》正法寺中宮寺ノ三ケ寺ノ長老ニテ、信女長老トヨハレ玉《たまい》ケリ。云云。

『千載伝記』ではこの姉弟の出自を不明とするが、ここでは「少輔得業璋円《しょうえん》ノ女《むすめ》」という。璋円は興福寺解脱《げだつ》上人の弟子のなかですぐれた上足《じょうそく》の一人である。興福寺多川俊映《しゅんえい》師の教示によれば、建暦《けんりゃく》元年（一二一一）三十八歳で維摩会竪義《ゆまいえりゅうぎ》、貞応《じょうおう》二年（一二二三）に五十歳で維摩会講師をつとめた。嘉禄三年（一二二七）には太子三経義疏の学頭となり、嘉禎三年（一二三七）四月八日の仏生会《ぶっしょうえ》に行われた万灯会《まんどうえ》にたずさわっており、断片ながら六十四歳までの行歴がうかがえる。

信如は璋円が維摩会竪義をつとめた建暦元年の生まれである。その弟教円の出生もその数年後であろう。とすると璋円は僧でありながら妻帯していたことになるが、いまはふれまい。

信如が覚盛上人のもとで出家したのが寛元二年（一二四四）とすれば、三十四歳のときである。その後しばらくは興福寺慈性院《じしょういん》に起居したようだ。

建長元年（一二四九）五月十九日、覚盛上人は五十七歳で示寂された。唐招提寺にあることわずか六年である。しかし信如は上人に深く心酔し持戒の精神をうけついだようだ。『千

載伝記』の信如伝には、

嘗《かつ》て和州（大和国）瀧市《たついち》（龍市）郷《ごう》（奈良市 杏町《からもも》）に正法《しょうぼう》尼寺を立て、開山《かいさん》となる也。建長元年三月晦日《みそか》に結界《けっかい》す。ここにおいて大尼及び沙弥《しゃみ》尼その輪下にあつまるもの恒《つね》に数十輩。……その四月二日より釈迦大念仏会《ねんぶつえ》を開く……

とある。師の覚盛が示寂する直前に、念願の尼衆の寺ができた。中宮寺の復興はこの正法寺が軌道にのった後のことである。

正法寺でも中宮寺でも信如は釈尊《しゃくそん》の名号《みょうごう》を唱える行《ぎょう》をつとめている。これはおそらく「南無釈迦牟尼仏《なむしゃかむにぶつ》」で、建仁三年（一二〇三）に解脱上人が唐招提寺に始修《ししゅう》された釈迦念仏会にならったものであろう。中宮寺をあえて霊鷲山院《りょうじゅせんいん》とよんでいるのも、釈尊追慕の念に発したものにちがいない。

「霊鷲山院勤行事《ごんぎょうじ》」には毎月の仏事や年中行事に、南山《なんざん》大師、解脱上人、鑑真和上、覚盛上人（先師和上）と、唐招提寺にかかわる諸師の忌日法要を定めている。このことは、法華寺が叡尊との密接な関係から西大寺《さいだいじ》に傾斜し、鑑真和上の忌日も入っていないのと対照的である。

『聖誉鈔』によれば、信如は法華寺を筆頭に尼衆の三カ寺の長老とよばれたというのだが、法華寺においてはどのような影響力を示したのであろうか。

信如尼の晩年は、『瑜伽師地論』に加点を行った弘安五年、七十二歳までは明らかだがその後の行歴は定かでない。高田師は、

——中宮寺中興の祖ともいうべき信如長老の晩年の消息は全く明らかでなく、千秋恨事である。おそらく、死期を悟った尼は入寂すべき適地を求めつつ、静かに中宮寺を去ったのであろう。——

と記しておられる。

8. 京都に律宗をひろめた道御

京都市中京区《なかぎょうく》の四条大宮の近くにある壬生寺《みぶ》は律宗の別格本山である。宮城《きゅうじょう》の鬼門守護の寺として節分会《え》がにぎわい、壬生狂言《みぶきょうげん》でも知られている。

鑑真和上の創建という伝承をもつが、正暦《しょうりゃく》二年（九九一）に三井寺《みいでら》の僧快賢《かいけん》が地蔵菩薩をまつり「小三井寺《こみいでら》」とよばれたのがはじまりとされる。一条天皇が勅願寺とされ、承暦《しょうりゃく》三年（一〇七九）白河天皇が堂宇《どうう》を修造して「地蔵院」の額を賜った。その後平政平《たいらのまさひら》が「宝幢三昧院《ほうとうざんまいいん》」としたが、正嘉《しょうか》元年（一二五七）に焼失した。

これを大念仏と狂言により勧進復興したのが修広道御《しゅうこうどうぎょ》（一二二三―一三一一）である。寺運はその後いくたびか変遷するが、地蔵菩薩の霊場として壬生狂言がそれを支えてきた。

重要無形民俗文化財ともなった壬生狂言は、壬生大念仏ともよばれ、「カン・デン・デン」と形容されるように鉦《かね》と太鼓による単調なハヤシだけでドラマが進行され、身振りだけでせりふを一切もたぬ無言劇である。嵯峨清凉寺《せいりょうじ》、千本閻魔堂《えんまどう》（引接寺《いんじょうじ》）と共に、京の三大狂言となっている。二十数番の演目のうち、十番ほどは当初のものを伝えている。

道御はこのような狂言を演ずる道場を三十カ所もひらき、その教化《きょうけ》に浴した人は十万人に及んだという。ために「十万上人《じゅうまんしょうにん》」とよびあがめられ、それが天聴にも達して後宇多天皇から「円覚上人《えんがく》」の号を賜った。

道御は貞応《じゅうおう》二年（一二二三）に大和国山辺郡服部郷《はっとりごう》（天理市二階堂のあたり）に生まれ、幼名を玉松といった。父は大鳥左衛門尉《じょう》藤原広元という豪族であったが、舅《しゅうと》の伊賀式部丞《じょう》光宗の謀反《むほん》にまきこまれて、時の六波羅探題《ろくはらたんだい》北条時氏《ときうじ》に攻められて戦死した。玉松三歳のときである。

母は生きのびたが、乳《ち》のみ子をかかえきれず、郷里氏族を衣服に書きつけて玉松を東大寺近くに棄《す》てた。それを運よく春日社へ参詣《さんけい》の京都万里小路《までのこうじ》の住人梅本《うめもと》という人に拾われて育てられ、十五歳のころ東大寺に入れられた。

十八歳のとき正式に沙弥《しゃみ》となり、菅原寺で法華経を書写して亡父の冥福を祈り、のちに唐招提寺の證玄《しょうげん》の下で具足戒《ぐそく》を受けた。

伝では受戒の年次を十八歳とするが、実際には建長元年（一二四九）二十七歳以後のことであろう。というのは、證玄が師の覚盛《かくじょう》と唐招提寺に住したのは寛元二年（一二四四）であり、覚盛の示寂により、證玄が師席をついだのは建長元年だからである。覚盛の生前であれば当然、覚盛の弟子となるが、覚盛伝に道御の名はなく、證玄の弟子の筆頭にあげられている。

道御はその後、法隆寺で法華・勝鬘《しょうまん》・維摩《ゆいま》の三経を習学し、大和柳本の長岳寺霊山院《りょうぜんいん》で両部密教を伝授したという。この霊山院では叡尊《えいそん》も嘉禄元年（一二二五）に静慶阿闍梨《じょうけいあじゃり》から秘伝を伝受した。また叡尊が太子信仰にあつかったことと考え合わせると、道御は叡尊の足跡をたどったとみることもできる。覚盛なきあと證玄も叡尊に何かと示唆《しさ》を得ている。自らは唐招提寺復興に専念しなければならぬ證玄が、叡尊の修学のあとを追うことを道御に勧めたとみることもできる。

母の面影を知らぬ道御は、母とめぐり会えるよう夢殿《ゆめどの》に至心《ししん》に祈ったところ、あるとき聖徳太子が小童となって姿をあらわした。そして「汝、所願を満たさんと欲すれば、融通念仏を唱えて四衆《ししゅ》を勧化《かんげ》すべし」とのお告げがあったという。

融通念仏とは、自分の称《とな》える念仏と他の人の称える念仏の功徳《くどく》が融けあい、功徳が倍増し往生が約束されると説く教え。叡山を出て大原に隠棲した良忍《りょうにん》（一〇七二―一一三二）は、四十六歳のとき三昧《さんまい》中に阿弥陀仏からこの「自他融通の念仏」の教示をうけ、やがて大治二年（一一二七）に摂津平野《せっつひらの》（大阪市）の修楽寺を根本《こんぽん》道場としてこれを広めた。

道御の伝をのせる『律苑僧宝伝《りつえんそうほうでん》』『招提千載伝記《しょうだいせんざいでんき》』がともに太子のお告げを「融通念仏を誘化すべし」とし、道御はこれを広めたとするのだが、実は釈迦念仏ではなかっただろうか。

唐招提寺では解脱《げだつ》上人が建仁三年（一二〇三）に釈迦念仏会を始修《ししゅう》し、毎年行われた。この法会には道御も参加したはずである。

また、京へ赴いた道御がはじめに大念仏をはじめたのは嵯峨清凉寺であったとみられるが、ここには東大寺奝然《ちょうねん》が入宋《にっそう》して請来した釈迦如来像がまつられている。そして叡尊は建長元年にわざわざ清凉寺の本像の前で模刻させて西大寺《さいだいじ》四王堂にまつった。唐招提寺にも正嘉《しょうか》二年（一二五八）に模刻像がつくられた。道御がまだ在寺中のなまなましいできごとであった。京へ赴いた道御が、その原像を安置する清凉寺を、まず訪ねるのは故なきことではない。道御の念仏が釈迦念仏であったと断言しうる資料はいまないが、唐招提寺にいた道御が釈迦念仏ではなく、一気に融通念仏に転じたとはどうも思えない。

それはおくとして、一般には、道御がひろめた大念仏は、大和三輪《みわ》明神の鎮花祭《ちんかさい》と融通念仏を合わせて除厄《やくよけ》招福を祈ったものともいわれる。花しずめのまつりとは、陰暦三月の落花のころは疫病が流行することから、これを鎮めるために、行疫神《ぎょうえきしん》である大神《おおみわ》に祈る神

郵便はがき

料金受取人払郵便

新宿支店承認

3195

差出有効期間
平成24年11月
30日まで

(切手不要)

160-8791

843

東京都新宿区新宿1－10－1

(株)文芸社

愛読者カード係 行

ふりがな お名前			明治　大正 昭和　平成　年生　歳	
ふりがな ご住所	□□□-□□□□		性別 男・女	
お電話 番　号	(書籍ご注文の際に必要です)	ご職業		
E-mail				
書　名				
お買上 書　店	都道 府県　市区 郡	書店名	書店	
		ご購入日	年　月　日	

本書をお買い求めになった動機は?

1. 書店店頭で見て　2. 知人にすすめられて　3. ホームページを見て

4. 広告、記事(新聞、雑誌、ポスター等)を見て(新聞、雑誌名　)

上の質問に 1. と答えられた方でご購入の決め手となったのは?

1. タイトル　2. 著者　3. 内容　4. カバーデザイン　5. 帯　6. その他(　)

ご購読雑誌(複数可)	ご購読新聞
	新聞

文芸社の本をお買い求めいただき誠にありがとうございます。
この愛読者カードは今後の小社出版の企画等に役立たせていただきます。

本書についてのご意見、ご感想をお聞かせください。
①内容について

②カバー、タイトル、帯について

弊社、及び弊社刊行物に対するご意見、ご感想をお聞かせください。

最近読んでおもしろかった本やこれから読んでみたい本をお教えください。

今後、とりあげてほしいテーマや最近興味を持ったニュースをお教えください。

ご自分の研究成果や経験、お考え等を出版してみたいというお気持ちはありますか。

ある　　ない　　内容・テーマ（　　　　　　　　　　　　　　　　）

出版についてのご相談（ご質問等）を希望されますか。

する　　しない

ご協力ありがとうございました。
※お寄せいただいたご意見、ご感想は新聞広告等で匿名にて使わせていただくことがあります。
※お客様の個人情報は、小社からの連絡のみに使用します。社外に提供することは一切ありません。

■書籍のご注文は、お近くの書店または、ブックサービス（0120-29-9625）、セブンネットショッピング（http://www.7netshopping.jp/）にお申し込み下さい。

事である。宮中では大神と狭井《さい》の二神をまつることが古代から行われてきた。

一方、狂言がどのようにとり入れられたかは定かではないが、この頃にはいわゆる大和猿楽《さるがく》の座が寺社を経回《へめ》ぐっていた。この大和猿楽が余興的にとり入れられて、念仏に伴う奉納狂言として定着したのであろうといわれる。ちなみに壬生狂言は壬生猿楽ともいわれたという。むずかしい勧善懲悪《かんぜんちょうあく》を教えるというより、どこにでもあるような笑い話の内容で大衆をひきつけ、寺へ詣《まい》るよう仕向けることをねらったものとみられる。

道御の大念仏の勧進《かんじん》によって、成就した伽藍再興の主なものは、

清凉寺　　弘安二年（一二七九）
法金剛院　弘安五年（一二八二）
壬生寺　　正安二年（一三〇〇）

であった。このうち清凉寺のは地蔵堂の創建である。これらの勧進には数年から十年をこえる歳月を要したものであったろう。

唐招提寺の主務すなわち長老職は、證玄のあと弟子の真性《しんしょう》がうけついだが、その真性が嘉元二年（一三〇四）に示寂した。一山大衆は後任を道御に要請した。道御はひとたびは請《こ》いに応じたのだが、すでに八十二歳の高齢の身をおもんぱかってか、その席を法弟尋《じん》

算《さん》に譲ってふたたび京へと去った。以後はもっぱら洛北花園《はなぞの》の法金剛院に教化し、応長元年八十九歳の生涯を閉じた。

いつのことであったか明らかでないが、道御は母にめぐり合うことができた。その話はよほど世間の感動をよんだとみえて、のちに能「百万」ともなった。

第五章　法灯をつなぐ

1．もののふ椿の菩提寺

桜の開花にさきがけて、椿《つばき》が満開となる。椿には数百種をこえる種類があるそうだが、奈良では、白毫寺《びゃくごうじ》の五色椿、東大寺開山《かいさん》堂の良弁《ろうべん》椿、伝香《でんこう》寺の武士椿《もののふつばき》が「奈良三名椿《さんめいちん》」と賞揚《しょうよう》されている。

この奈良三名椿が、いつだれによって選ばれたものかは明らかでない。多くの人々が推測を試みているが、私のごく身近かにも平成六年夏に急逝された米川千秋氏がおられた。氏は『奈良文化・観光クオータリー』誌（平成六年四月＝第十四号）に寄稿を残され、唐招提寺の七十五世・宝静《ほうじょう》長老（一七六五―一八四四）ではないかとされた。宝静長老のことは後述するが、一品亜相飛鳥井雅重卿《いっぽんあしょうあすかいまさしげ》を父とし、和歌や茶道を究め椿を愛した人である。戦国末期の武将筒井順慶《じゅんけい》（一五四九―八四）の菩提寺《ぼだいじ》である伝香寺往持も兼ね、順慶の二百五十回忌の導師をつとめた。初代の武士椿が枯れたとき後継樹を植栽したともいわれる。

米川氏は「宝静長老は各地の椿に接してきて、数多い椿の中から三寺で各一本を選定したことは想像に難くない。現在無数の椿に思いを巡らせば、この三名椿をとりあげられた至妙さに感嘆敬服の念を禁じ得ない」と書いておられる。

筒井氏は中世、大和国《やまとのくに》北部の国人《こくじん》にはじまるとされる。国人とは国衆《くにしゅう》ともいわれ、在地性の強い領主層をさす。順慶の父順昭《じゅんしょう》に至っていよいよ台頭した。国衆の越智《おち》・十市《とおち》・古市《ふるいち》らが衰退したので、大和をほぼ制圧し、興福寺衆徒（僧兵）の棟梁《とうりょう》的地位である官符衆徒《かんぷしゅうと》となった。『多聞院日記』の天文《てんぶん》十五年（一五四六）条には「一国悉《ことごと》く以て帰伏《きふく》す」とある。

順慶は天文十八年に生まれたが、翌年父の順昭が二十八歳の若さで病没したので家督を継いだ。わずか二歳であまりに幼かったため、順昭の喪を秘すことで危機の回避をはかったという。その間、順昭によく似た杢阿弥《もくあみ》という僧に順昭を装わせ、順慶が成人したのち、「もとの杢阿弥」に帰した話は有名である。

永禄二年（一五五九）信貴山《しぎさん》城主松永久秀《ひさひで》の乱入により、順慶は筒井城を逐《お》われ、奈良中南部の山辺や宇陀《うだ》の山地、大阪の和泉堺《いずみさかい》の辺を流寓《るぐう》するという苦渋をなめる。永禄九年に至って奈良北郊の多聞《たもん》山にいた久秀を攻めた。そしてこの年、興福寺成身院《じょうしんいん》で得度《とくど》し、陽舜《ようしゅん》房順慶となった。

だが織田信長は大和を松永久秀に与えたため、順慶はまた逆境にあったが、明智光秀《あけちみつひで》に援《たす》けられて天正四年（一五七六）ようやく大和を与えられ、同八年に大和郡《こおり》山《やま》城を築いた。

本能寺の変のあと、光秀と秀吉の山崎合戦で恩人の光秀に与力することをぐずぐずとためらったことから「洞ケ峠《ほらがとうげ》の順慶」と荒説されるが、実際は国衆の去就をはかりかねて、苦心して得た大和を守ろうと、郡山城に籠《ろう》城したためであった。

秀吉は順慶に大和支配を許したが、何かと条件がつけられ人質が徴《ちょう》され、大坂城への参《さん》勤《きん》のため宿を設けなければならなかった。いまの大阪市南区にある順慶町はその名残りとされる。

天正十二年（一五八四）尾張《おわり》（愛知）に出陣中に発病した。いまでいう神経性胃疾患であろうという。京都での療養も薬効なく、八月に郡山に帰城しその十一日に没した。墓所は旧筒井城近くの長安寺村《ちょうあんじむら》にあり、その五輪塔の覆堂《おおいどう》は重要文化財となっている。母の芳秀尼《ほうしゅうに》は、順慶の菩提を弔《とむら》うために伝香寺を発願《ほつがん》して建立し、当時の唐招提寺第五十七世泉奘《せんじょう》長老（一五一八―八八）が開山として迎えられた。

泉奘長老は駿河の今川氏親《うじちか》の子で、九歳の大永六年（一五二六）六月に父氏親が死去し、泉奘は駿河の華蔵山《かぞうざん》に入り出家した。天文八年（一五三九）二十二歳のとき通受具足《つうじゅぐそく》戒を受けて正式の比丘《びく》となり、その後もずっと華蔵山遍照光寺《へんじょうこうじ》で修学につとめた。

永禄十三年（一五七〇）五十三歳のとき上洛し、京都東山の泉涌寺《せんにゅうじ》に入り、やがて泉涌寺第六十九代長老となる。上洛《じょうらく》について泉奘は自撰書の奥書に「永禄十三庚午五月日吾駿陽大乱令逃散上洛……」とある。永禄三年今川義元は大軍をひきいて尾張に侵入したが、桶狭間《おけはざま》で信長の急襲にあい討ちとられて敗死した。その長子氏真《うじざね》があとをついだが、愚鈍で人望なく、徳川家康・武田信玄の侵入により、ついに国を逐《お》われたことと呼応する。

泉涌寺は御寺《みてら》として知られるが、かつて弘法大師が法輪寺《ほうりんじ》を創したとされる地で、建保《けんぽう》六年（一二一八）十三年間の入宋求法《にっそうぐほう》から帰朝した不可棄法師俊芿《ふかきほっししゅんじょう》に与えられ、新たに泉涌寺となる。

俊芿の入宋により、鑑真和上の来朝後の唐宋の戒律研究の成果が、大小乗律部の選述三百二十七巻とともに伝えられ、わが国の律宗教学に新風が吹きこまれた。南都《なんと》仏教の復興を願っていた解脱《げだつ》上人貞慶《じょうけい》は、早速使いを遣わしてその諸書を借覧《しゃくらん》し、疑義を聴聞したといわれる。

泉奘が上洛したころも泉涌寺は戒律の道場であった。唐招提寺に現存する自筆本によれば、泉涌寺において私註を加えた『南山教観名目私記《きょうかんみょうもくしき》』や『南山講法則』などは元亀年間

（一五七〇―七二）の筆になるものであるから、泉奘ももっぱら律宗の教学に関する諸書を閲覧研究したとみられる。

しかし当時の泉涌寺は、天正元年（一五七三）足利義昭と織田信長が戦い、その余波で堂宇《どうう》が焼失してしまう。翌年造営の詔勅《みことのり》が信長に下り、花の御所南門や御所《ごしょ》から小御所を移して大門《だいもん》や方丈《ほうじょう》としたのをはじめ、同四年までに仏殿・舎利殿等を完成するなど、あわただしいときでもあった。

このころの唐招提寺は、天文十四年（一五四五）に第五十六世の舜盛《しゅんぜい》長老が寂したあと、三十余年無住《むじゅう》であった。これは衰微して住僧がいなかったというわけではなく、鎌倉時代以降、興福寺や戒壇院との関連で、碩学《せきがく》を推戴《すいたい》する傾向を強めており、身分格式があり、世評にたえうる名声ある人が求められなかったからであろう。

ちなみに泉奘は天正七年、西大寺《さいだいじ》高範《こうはん》律師を和上として別受戒を受けている。その戒牒の写しによると、良弘《りょうこう》・行賢《ぎょうけん》・俊良《しゅんりょう》・榮祐《ようゆう》といった唐招提寺の僧が十師に名を列ねている。泉奘は六十二歳のこの別受戒ののち、唐招提寺長老に就任した。

俊芿以来、泉涌寺に継承された律学は北京律《ほっきょうりつ》と称されて、南都の律院とその教学の研さんを競ってきた。泉奘が泉涌寺と唐招提寺両寺の長老を兼ねるようになって、南北は融《ゆう》合《ごう》の緒《ちょ》を開いたとされ、幕末まで、その長老職も兼務をもって例とするようになった。

唐招提寺長老の泉奘が伝香寺開山に懇請《こんせい》されたのは、もとより清廉な高僧であったからであるが、伝香寺の寺地が、かつて鑑真和上に随従して来朝した思託《したく》が開いた実円寺のあとと伝えられたこともあろう。泉奘の出自が駿河《するが》（静岡）の今川氏という武将の家柄で、血なまぐさい武闘やかけひきを目のあたりにしてきた人として、心情理解を期待してのことであったかもしれない。

それにしても、この寺の庭の椿はいつだれが植え、名づけたのか、「もののふ椿」とはいかにもうまい命名である。椿はその花の落ち方からきらう人も多いが、満開する桜も、花の散りようが人の命終にたとえられたりする。なにかと世上騒然の昨今、思いあわせてみるのも一興であろう。

2. うちわまきの舞楽と陪臚会

毎年五月十九日は、大悲菩薩・覚盛上人《かくじょう》（一一九四―一二四九）の祥月命日《しょうつき》である。恒例の法要は、大乗戒律を説く『梵網経《ぼんもう》』を講讃するところから「梵網会《え》」とよぶが、一般には「うちわまき」の名で親しまれている。

講堂前庭では「南都晃耀会《なんとこうようかい》」の方々によって舞楽《ぶがく》が奉納される。毎年三曲ほど演じられるが、法要中に舞われるのは「陪臚《ばいろ》」と決まっている。それは、お釈迦さまの誕生日四月八日の仏生会《ぶっしょうえ》に、唐招提寺ではこの舞楽を献じて「陪臚会《ばいろえ》」とよばれていたものが、吸収された形となっているからである。

陪臚は正式には陪臚破陣楽《はじんらく》といい、いわゆる武舞の一つとされる。裲襠《りょうとう》という装束《しょうぞく》に巻纓《けんえい》の冠をいただき、太刀を腰に、右手に鉾《ほこ》、左手に楯《たて》を持つ。太刀を抜き鉾を打ち振る雄壮華麗な舞は、戦陣に赴《おもむ》くときの舞であるという。天平《てんぴょう》八年（七三六）に波羅門僧正《ばらもんそうじょう》とともに来朝した林邑《りんゆう》（ベトナム）の僧仏哲《ぶってつ》が伝えたという。

唐招提寺の陪臚会については、興福寺の雅楽師狛近真《こまのちかざね》（一一七七―一二四四）が天福元年（一二三三）に書いたという『教訓抄《きょうくんしょう》』にみえる。全十巻のこの書は舞楽の総説書としては現存最古のものといわれ、舞楽の衰えていくのを憂《うれ》えた近真が、子孫に舞楽習得のための教訓伝書として記したという。

その巻四に陪臚のことがみえ、まず天王寺楽所が伝える舞い方を記し、ついで「唐招提寺四月八日陪臚会、此曲舞」と、天王寺の舞い方とのちがいや特徴を紹介している。

それによれば、笛は薬師寺に属する南都楽所の楽人玉手氏で、太鼓を打つ寺僧は円満寺の別当《べっとう》の流れをくむ者という。円満寺は薬師寺南の七条町にあった。『奈良県の地名』によれば右京八条三坊八坪の北方にあった寺で、文久三年（一八六三）の北浦定政の「平城宮跡之図」では天満神社の傍《かたわ》らに円満寺が示されているという。寛元二年（一二四四）の「良詮畠地処分状」（『東大寺文書』）には「添下郡円満寺井」がみえ、能の金春《こんぱる》流の始まりである円満井座はこの井戸名にちなむものと想定されている。

まず、乱声《らんじょう》の演奏で舞人が登場するのは天王寺と同じだが、そのあと天王寺では「新羅陵王《しらぎりょうおう》」破りの演奏があってから「陪臚」の曲を吹く。しかし、唐招提寺では直ちに「陪臚」の曲に入る。また唐招提寺では太刀を抜いて舞うのを七登舞といい、最後に舞人は敵陣を破る勢いで走り入る。これを「招提寺のヘロ走《ばし》り」という、と紹介されている。

唐招提寺では陪臚会を「ヘロ会《え》」といい、ヘロ走りといったというのだが、どこからきた読み方かは説明がない。『東大寺要録』巻二の大仏開眼会《かいげんえ》・舞楽の条に引用する『大安《だいあん》寺《じ》菩提伝来記』には、仏哲が命によって雅楽の師となり、彼が瞻波国《チャンパ》（中インド）で習得した「菩薩舞、部侶、抜頭などの儛」を行ったとある。おそらく、ここにいう部侶をヘロと読んだあたりからきたものと思われる。

門外漢の私にはうまく説明できないが、唐招提寺の陪臚の特徴は太鼓の打ち方にあるようだ。「同志可動《どうしかどう》」という唱歌（あいことばであろう）があり、「招提寺倍呂走《へろはしり》ドウシカドウノ鼓音ナリト云」とみえる。また太鼓の拍子を説明する箇所で「此曲ハ招提寺ヲ以テ本体ト為ス、彼ノ寺之物ノ上手、抜頭ノ如ク打ケル。……天王寺ノ打様《うちよう》ハ別躰也」などともある。

一般には陪臚は「太平楽《たいへいらく》」の答舞といわれ、二つの曲がいわば番《つがい》の舞とされる。だが『教訓抄』によると、唐招提寺の陪臚会では「其駒《そのこま》」というのが「小馬舞」とも呼ばれて、答舞とされたとある。延長年間（九二三―九三一）に書かれた『和名抄《わみょうしょう》』には百六十曲の舞楽名を収めているが、陪臚も其駒もその中にはない。

「其駒」は神楽《かぐら》として現存しているから、神楽が舞楽として舞われたものであろうか。ただし「一切ニ普通ノ其駒ト似ズ」と書かれていることからすると、いまの神楽ともよほど異なっていたとみられる。神楽が他とはっきり一線を画す前の、古い姿を伝えていたと思われる。アヤ井笠をかぶり、赤衣に水干《すいかん》（狩衣の装束）をつけた出立ちで舞ったとある。

唐招提寺の陪臚会がいつから行われたかは明らかでない。同様になぜ陪臚の曲が選ばれたかも不明だが、仏哲によって伝えられた林邑楽の一つということからすると、如宝《にょほう》（—八一五）の代とみるのはどうであろうか。如宝は碧眼《へきがん》の胡国《ここく》人。ソグド系（中央アジア）の人である。鑑真和上と来朝した二十四人の中でもっとも若かったといわれ、もちろんわが国で仏哲と出会い面識があった。和上の遺嘱《いしょく》によくこたえて、唐招提寺の伽藍《がらん》を完成した人である。落慶《らっけい》に際して舞楽法要が行われた可能性は十分にある。

その弟子の豊安《ぶあん》（—八四〇）は、如宝をたすけて平城《へいぜい》天皇勅願の五重塔を建立し、『戒律伝来記』を撰述した。師の示寂後に追弔《ついちょう》の意味もこめて、仏哲—如宝を結ぶ陪臚をもって法会《ほうえ》をはじめたとすることも考えられる。それが仏生会に行われ恒例となったとしても、当時は多くの寺々が舞楽・伎楽《ぎがく》をとり入れており、特異ではない。その後となると、新たに法会を起こすキッカケがみつけにくいようだ。

唐招提寺には法会所用具とまとめて呼ばれている羯鼓胴《かっこどう》・奚婁《けいる》胴などの太鼓類や、舞楽の楯、竜頭があり、鼉太鼓・鉦鼓《しょうこ》の縁《ふち》も残存する。これらは鎌倉時代の伽藍復興後に、盛んに行われたという舎利会に用いられたとされてきたが、実はそれ以前の陪臚会の用具だったわけである。三の鼓と推定される鼓胴は藤原時代末の製作といわれるし、羯鼓胴には建永二年（一二〇七）の銘が彫られている。奚婁胴も羯鼓と同時期といわれ、鼉太鼓・鉦鼓も平安時代末とみられる。これらと『教訓抄』の書きぶりとを並べて考えると、唐招提寺の陪臚会が相当に古くから行われた伝統的な法会であったことがうかがえよう。

ちなみに『教訓抄』の著者は、唐招提寺の陪臚の笛を、薬師寺属の楽人、玉手守清の二男の清正（一一八三生まれ）から習ったと記している。秘伝として外部には一切教えないのを、苦心の説得でようやくかなったという。そんなにまでしたのは「彼ノ寺ニコノ曲絶時《えにし》ニ、ヲシエカエサンレウト心ザシテ」のことであった。

だが、戦乱の続いた南北朝ごろは、唐招提寺の陪臚会も衰微したようだ。元禄十四年（一七〇一）の『招提千載伝記《しょうだいせんざいでんき》』には、この陪臚会のことは一言もみえない。

3. 社寺復興をたすけた隆光

鑑真和上は唐招提寺を開創後わずか四年の、天平宝字七年（七六三）に七十六歳で示寂《じじゃく》された。それから千二百四十年、唐招提寺は、いまも天平の雰囲気をもっともよく残している寺として親しまれている。その陰には和上を偲《しの》び、その灯を消してはならないとの熱情のもとに努められた多くの先人があった。

鎌倉時代に大復興されたことは知られているが、その後元禄時代に第二の復興があったことは、あまり注意されていない。この地方にはあいついで大きな地震があり、唐招提寺も大きな痛手をこうむっており、その修理も追いつかない状態であった。そこで援助の手をさしのべたのが徳川五代将軍綱吉《つなよし》（一六四六―一七〇九）とその母桂昌院《けいしょういん》（一六二七―一七〇五）、そして橋渡しの役目をした隆光《りゅうこう》（一六四九―一七二四）であった。ことに隆光は奈良出身であったからか、このほかにも東大寺、法隆寺など多くの寺社が、その恩恵に浴した。

隆光は慶安二年（一六四九）添下郡二条村《そえしもぐんにじょうむら》（現奈良市、平城宮跡のすぐ北）に生まれ、俗姓は河辺氏。明暦《めいれき》二年（一六五六）母を失い、十歳のとき唐招提寺の塔頭《たっちゅう》西方院に入り、朝意《ちょうい》に従って十二歳で剃《てい》髪、俊宣房《しゅんせんぼう》隆長と名づけられたが、のちに自ら諱《いみな》を隆光、字《あざな》を栄春房と改めた。

寛文元年（一六六一）長谷寺に入り、密教をはじめ「倶舎《くしゃ》」・「唯識《ゆいしき》」などを広く学ぶ一方、『春秋』や老荘など中国伝統の学問も身につけたという。長谷寺山内六坊の一つ慈心《じしん》院《いん》の住持となるが、貞享《じょうきょう》三年（一六八六）将軍家の命により筑波山知足院《つくばさんちそくいん》の住持となり、将軍家の護持僧《ごじそう》となる。のちに知足院は江戸の神田橋外に移建され、護持院と改名される。元禄四年（一六九一）正僧正《そうじょう》、同八年には大僧正ならびに僧録《そうろく》に昇叙《しょうじょ》された。宝永六年（一七〇九）一月綱吉の死去に伴い、その八月大和にもどり、生家に近い超昇寺《ちょうじょうじ》に退隠した。

さて、唐招提寺と因縁浅からぬ隆光僧正に、伽藍修理の助力を仰ぐために派遣されたのが塔頭蔵松院《たっちゅうぞうしょういん》の英範《えいはん》（一六五四―一七〇四）であった。『隆光僧正日記』には元禄五年から宝永六年までの護持僧隆光の動向がつぶさに記されている。隆光のもとに英範が通いつめたさまも簡略ではあるがくわしくうかがえる。大和の多くの寺が将軍家へのとりなしを隆光にもとめたが、日記にもっともひんぱんに出てくるのが蔵松院（唐招提寺・英範）と龍松院《りゅうしょういん》（東大寺・公慶《こうけい》）である。蔵松院の名は五十三度にも及ぶ。そのはじめは元禄五年で、最後は宝永元年（一七〇四）八月九日に暇《いとま》ごいに来たので新そばを振る舞ったとあり、十三日に発駕《が》したとある。

東大寺公慶の方は元禄五年十二月十一日から宝永三年二月二十八日の間に、これも三十六回みえる。隆光に随伴して江戸城や大名屋敷をたずね、少しでも多くの大名方との出会いを願ったにちがいない。何ごとにも格式や儀礼、上下を重んじる武家の中での心労は想像に余りある。

やがて公慶は桁《けた》はずれの規模の大仏殿復興の足がかりを得た。英範の場合は別な悩みも多かったと思われる。東大寺大仏と唐招提寺とでは、その知名度、理解度に雲泥の差がある。それを押し開いて、隆光は元禄五年将軍綱吉から白銀五百枚を、同七年に桂昌院から黄金七百両を賜ることができた。

ちなみに、白銀というのを丁銀とすれば、丁銀一枚は三十匁《もんめ》から五十匁という。金一両は銀六十匁といわれるから、白銀五百枚は金に換算すると二百五十両から三百両ということになる。黄金七百両とあわせて千両ほどを賜ったとみることができよう。当時は一両で米一石が買えたというのだが、一方たとえば大工などの賃金もいまとは異なり、不安定な要素が多すぎ、現代の金額に換算してみるのは容易ではなさそうだ。

日記には白銀を賜ったときのいきさつを、元禄五年二月十八日の条に次のように記す。

「招提寺破損料として銀子五百枚を下された。これは厳有院様（家綱）の御代に願い出たときの書付けは金子三千両であった。一昨年には伽藍絵図と破損目録をもって、四千二百両を拝領したいとの願いをたのんでこられたので、拙僧はこれを将軍家に取り持ちした。しかしここ数十年の間に数々の願い出がありなかなか叶《かな》わない。且つまた権現《ごんげん》様（家康）から台徳院《たいとくいん》様（秀忠）大猷院《たいゆういん》様（家光）まで御代々に命じられた修理もかなわぬ状況なので、表だって御下賜《ごかし》というわけにいかない。そこで御内証《ごないしょ》でと柳沢出羽守《でわのかみ》が承《うけたまわ》られ、御祈祷《きとう》のためということで招提寺修理料として、白銀五百枚を下されることになった」

という。そこで隆光は英範を伴って牧野備後守《びんごのかみ》、柳沢出羽守へ御礼に出向き、

「また寺社奉行の所へは英範ひとりで行かせた。そして足りないところは宝物開帳による勧進により工面する旨申しあげ、招提寺にもそのように申し遣《つか》わし、来月六日より開帳することになった」

とも記している。

江戸での御開帳《ごかいちょう》の様子は明らかではないが、その内容は、和上将来の仏舎利を奉納した金亀《きんき》舎利塔をはじめ、釈迦如来の御袈裟《おけさ》、鑑真和上の御袈裟や御持鉢《ごじはつ》、大悲菩薩覚盛《かくじょう》上

人書写の諸経などであった。

江戸では諸寺の宝物開帳がめじろ押しとなった。隆光の日記によれば、綱吉は元禄七年九月三日に柳沢吉保邸で法隆寺宝物を拝見し、五日に白銀千枚を施入したとある。同十四年四月十一日には江戸両国の回向院《えこういん》での般若寺の開帳。永代寺《えいたいじ》での太秦《うずまさ》の開帳に参詣《けい》し、金子《きんす》五百疋《ぴき》ずつを持参したとある。

さらに、宝永元年七月二十四日には深川永代寺での飛鳥の橘《たちばな》寺と箱根地蔵の開帳に参詣、五百疋と三百疋とを献じたとある。また、元禄十三年には嵯峨清涼《せいりょう》寺の釈迦像を三の丸で拝したとも記す。

隆光のもとには奈良の諸大寺がたずねた。薬師寺の宝積《ほうしゃく》院・圓成《えんじょう》院・唯心《ゆいしん》院、長谷《はせ》寺西蔵院、新薬師寺奥坊《おくのぼう》、称名寺、信貴山金剛《しぎさんこんごう》院、室生《むろう》寺、吉野山竹林院、西大寺《さいだいじ》金剛院、興福寺千手院、花蔵院、発心《はっしん》院、不退《ふたい》寺、白毫《びゃくごう》寺などの名がみえる。

唐招提寺金堂《こんどう》前には吐水盤《とすいばん》とよんでいる蓮華《れんげ》型の水盤がある。これには「常《じょう》州笠間城主従四位下侍従兼因幡守《じじゅうけんいなばのかみ》本庄藤原朝臣宗資寄附《むねすけきふ》焉」とあり、その反対側には「勧進沙門蔵松院英範」と線刻されている。英範が江戸で勧進に奔走《ほんそう》した証《あかし》の一つである。それは英範の名が大衆の目にふれる唯一のものといえる。

ちなみに英範は隆光より八歳年下で、泉州岸和田（大阪府岸和田市）の出身。唐招提寺に入寺してのちに塔頭蔵松院の住職となった。六十三世玉周長老の命で勧進につとめたが、度重なる江戸との往復で体力を費やしたか、宝永元年（一七〇四）四十八歳の若さで江戸で客死した。早世したため存在は目立たないが、今日、国宝に指定されている建築・什宝の数々を支えた功績は銘記しておきたい。

4．綱吉と隆光の深い絆

護持僧《ごそうじ》であった隆光《りゅうこう》が、七十六歳の生涯を閉じたのは享保九年（一七二四）陰暦六月七日である。

隆光が社寺修復に果たした功は前項で記したが、その活躍は知足院《ちそくいん》（のちの護持院）住職となって、江戸に出向いた貞享《じょうきょう》三年（一六八六＝三十八歳）から、綱吉《つなよし》が薨《こう》じ大和へ退隠した宝永六年（一七〇九＝六十一歳）までの二十三年間であった。自ら「江城護持隆光」と好んで署名したというように、五代将軍の安穏《あんのん》を一心に祈った真摯《しんし》な護持僧であった。

綱吉といえば犬公方《いぬくぼう》と蔑《べっ》称され、隆光はあたかも陰で操った黒幕のようにいわれてきた。一連の「生類《しょうるい》憐みの令」により多くの市井の民が苦しめられたのは事実であるから、綱吉への責めはまぬがれ得ないが、ただ綱吉の素心と法令との間隙《かんげき》は、さらに、考究されるべき課題であろう。綱吉は歴代将軍の中でもことに生真面目《きまじめ》な性格であったといわれる。それが世間知らずと評されることにもなった。きまじめすぎるが故の悲劇といえるのかもしれない。その点は隆光とても全く同様である。

綱吉が館林《たてばやし》（群馬）十五万石の城主から五代将軍の座についたのは延宝八年（一六八〇＝三十三歳）であった。その三年後に一子徳松を失い、その後、世継ぎには恵まれなかった。将軍の逸話集『三王外記《さんのうげき》』には「子供が欲しければ殺生を慎《つつし》み、生類を憐むことです。戌《いぬ》年生まれの公方《くぼう》様はとくに犬を大切にされるがよい」という隆光の言葉を信じ、綱吉は生類憐みの令を発したのだと記されている。

そうした会話がとり交わされたとして、貞享二年に「将軍が通る道へ犬猫が出るとも苦しからず」という法令が出されたまではうなずけるのだが、鳥類や貝やエビなどの料理を禁止するといった法令以後、一連のお触《ふ》れが連発されていく過程には、とても綱吉の専政ではない何か別の背景が察せられる。

そして、もし隆光が関与していたとすれば『隆光僧正日記』にも犬に関する記事が一度くらいはあってもよさそうだが、不思議なことに、犬の一文字も出てこないのである。

綱吉は生母桂昌院《けいしょういん》の強いすすめと影響により、幼いころから儒教を中心とした学問に励んだ一方、やがて仏教へも帰依《きえ》している。

綱吉自筆の書が唐招提寺に三幅ある。いずれも蔵松院英範《ぞうしょういんえいはん》が江戸で拝領したものだが、綱吉の教養の高さを伝えているといえよう。一幅は「智仁勇《ちじんゆう》」の三文字が大書されたもので、儒教の真髄を示す。もう一幅は「明珠《みょうしゅ》」と大書した下方に「孝順至道之法《きょうじゅんしどうのほう》」と小さく書かれている。大乗戒経である「梵網経《ぼんもうきょう》」の「戒如明日月　亦如瓔珞珠」（戒は明るい日月の如く、また瓔珞《ようらく》の珠の如し）とある偈《げ》文にもとづいている。孝順《きょうじゅん》とは戒のこと、すなわち戒を守ることが仏道、つまり悟りへの最高の道である――と説く、これも同経の偈文である。おそらく英範の所望に応じたものであろうが、綱吉のこと、その意味をただし自ら納得してから書かれたのであろう。

次のもう一幅は釈迦孔子《こうし》二聖像で、車をはさんで儒教の祖孔子と仏教の祖釈尊《しゃくそん》が向きあって立つ絵である。そして孔子像の上方には「四徳　仁者義禮智之本《じんはぎれいちのもと》也誠者行仁之根《せいはじんおこなうのこん》本《ぼん》也」とある。また釈尊像の上方には「五戒　不殺者《ふさつは》不盗《ふとう》不邪婬《ふじゃいん》不妄語《ふもうご》不飲酒之本《ふおんじゅのもと》也誠者《せいは》行不殺之根本《ふさつをおこなうのこんぽん》也」とある。詮《せん》ずるところ両教は深奥《しんおう》で共通し、人間のもっとも大切なのは「誠」であるという綱吉の思想を表している。

綱吉が江戸城内で八年間に二百四十回の講義を行ったが、『隆光日記』によると、それは元禄六年四月から同十三年十一月まで行われた『周易《しゅうえき》』のご講釈《こうしゃく》である。それ以前には『中庸《ちゅうよう》』が講じられ、さらに元禄五年六月二十一日には、四年以前より行われた

『四書《ししょ》』のご講義が成就《じょうじゅ》したとある。綱吉の講釈は専ら儒教の聖典であった。

隆光は原則として毎月十七日に登城し仏典を講じた。『日記』によれば、元禄五年の「薬師経」をはじめ、「尊勝《そんしょう》ダラニ」「宝篋印《ほうきょういん》ダラニ」「光明真言軌儀《きぎ》」などが毎年一経、十二講というかたちで講義され、元禄十二年には「延命地蔵経・父母恩重経・大灌頂光《だいかんじょうこう》」が講じられている。

もっとも長講であったのは「仁王経《にんのうきょう》」で、元禄十三年二月から宝永元年一月まで約四年がかりで結願《けちがん》した。ついで翌二年四月まで「照闇抄《しょうあん》」、同年十二月まで「観音経」、宝永四年八月までは「千手ダラニ」が講じられた。宝永四年三月に護持院住持を快意《かいい》に譲り、隠退したのを機に、見習いのため快意にも同席させ、隆光は八月の満講をもって講義をやめ、九月に快意の『般若心経秘鍵《ひけん》』の新講を聴聞したあとは講義のための登城を止めた。十六年に及ぶ講義のうち、病気等で出仕しなかったのは十回ほどである。月に一度のこととはいえ、容易なことではなかったであろう。

年末には綱吉の御守《おまもり》、元旦の勤めの方角を書いた書き付け、延命長寿を祈禱《きとう》して七日間聖天浴油《しょうてんよくゆ》を修した書き付けを持参するのが、隆光が護持僧となってからの恒例であった。

御守は二つ。一つは弘法大師作と伝える金の聖《しょう》観音である。石清水八幡宮別当《いわしみずはちまんぐうべっとう》が所持していたのを譲り受けて、かねて守り本尊をもちたいといっていた綱吉に献上したものという。もう一つの十一面観音は雷除けの御守で、大の雷ぎらいという綱吉は、これを「年中随身《ねんじゅうずいしん》の御守」として身につけていた。

隆光は密教の不思議の功徳《くどく》を深く確信し、必死の行法を修したことが日記の随所にみられる。その確信が綱吉や周囲の者の信頼を増した。隆光は綱吉の日常の行動も易断などにより選ぶ役割をもっていた。儀式や参詣《けい》に先立って、着用する衣服を必ず加持祈禱《かじきとう》した。城内の御殿加持ももちろん役割の一つである。

地震、雷、天候不順や風雨の災害、凶作などは神仏に祈るしかなかった。指令されればすぐさま、愛染《あいぜん》明王法十座とか不動明王法二十一座といった修法《すほう》が行われた。

綱吉亡きあとの処遇は冷たいものであった。意を決した隆光は、半月がかりの旅の末、宝永六年（一七〇九）九月六日に奈良に帰着した。翌七日に生家に近い超昇寺《ちょうしょうじ》に入ると、すぐさままず唐招提寺を訪ねた。そして、日記に記されているだけでも、二カ月間近畿一円を巡歴している。そのほとんどは江戸での復興資金勧募《かんぼ》の際に何かと力を貸した寺々である。無冠となった隆光にとって、復興成った寺々こそが、江戸での二十三年間の存在の証しであったといえる。

かといってその訪問は凱旋《がいせん》将軍のように力を誇り自慢してのことではない。苦心の成果を前に、共によろこびあい、なつかしみ、自分自身に納得させたかったからと思われる。

隆光は最晩年の十五年を超昇寺に過ごした。その間にも寺々に何か役立つことはないかと努めたようである。唐招提寺に残る「覚《おぼえ》」書き一通は、隆光が寂する八日前の享保九年五月二十九日のものである。それには「この度寄進の道具を売り払った銀子が、もし不足なれば私が補足しますよ……」というものである。隆光の心延《ば》えの一端が察せられよう。

5．伽藍を守護する訶梨帝母

唐招提寺講堂の裏手、一段高いところに食堂跡《じきどう》があるが、その東北隅に訶梨帝母《かりていも》をまつる小さな社《やしろ》がある。

一般には鬼子母神《きしもじん》の名で知られるが、訶梨帝母（迦梨帝、訶利底などとも書く）とはサンスクリットの「ハーリーティー」の音写で、「（子を）つれ去る女」という意味だという。ある経では「取去」などと漢訳されている。

ヤクシャ（夜叉《やしゃ》・薬叉）、ヤクシニー（夜叉女）はインドの森林原野にすみ、超自然的な力をもつ恐ろしい鬼神といわれる。ハーリーティーは既によく知られるように、人の子を奪っては食う夜叉女であった。釈尊《しゃくそん》にさとされて改心してからは福徳の神とされ、子宝、安産や幼児を守ってくれるとひろく信仰されている。

唐招提寺の訶梨帝母社は、元禄年間（一六八八―一七〇三）に書かれた『招提千載伝記《しょうだいせんざいでんき》』には、「北宮」つまり伽藍《がらん》の北の鎮守《ちんじゅ》としている。夜叉・夜叉女が毘沙門天《びしゃもんてん》の眷属《けんぞく》として北方の守護神とされるからだが、その位置からみても、それだけではないようだ。

釈尊《しゃくそん》の教化《きょうけ》により、ハーリーティーはもう人の子を食わないと誓ったが、『毘奈耶雑《びなやぞう》事《じ》』という戒律の経典にはさらに次のようなやりとりがある。

「今後、私と私の児が食するものがありません」「憂うることはない。わが声聞《しょうもん》の弟子たちが、食時《じきじ》の毎《ごと》に衆生食《しゅじょう》を出して、汝《なんじ》と児《こ》の名を呼び食せしめよう。それ故に汝は仏法の伽藍と僧尼《そうに》を心して擁護《ようご》せよ」

こうして訶梨帝母は、僧尼の食時には必ず施食《せじき》されることが約束された。唐代、玄奘三蔵《げんじょうさんぞう》のあと、二十余年間インドに求法《ぐほう》した義浄《ぎじょう》三蔵は『南海寄帰内法伝《なんかいききないほうでん》』という書に、当時インド各地で、寺院の門や食堂のあたりに訶梨帝母をまつり、食物を供養していたと述べている。

施食のことは「食作法《じきさほう》」にもみえる。これは衆僧《しゅそう》たちが食堂で食事をするときの作法で、大方の宗派がいまも伝えるが、ことに律院で重んじられてきた。その作法の中に、「献《けん》飯《ぱん》」がある。俗に「生飯《さば》」といわれる。諸仏への祈願からはじまる作法が次第して、飯を受けるとまず生飯板とよぶ片木に七匙《さじ》（七粒）の飯をとり並べる。唐招提寺の食作法では「諸仏・諸菩薩・三乗賢聖《げんじょう》・六道衆生《ろくどうしゅじょう》・訶梨帝母・氷迦羅帝《ひょうがらてい》・四天王」に献じると定める。ここに訶梨帝母とその児の氷迦羅帝への施食が組み入れられている。一粒ずつとはいかにも少ないが、鬼神は一粒を千万倍にふやす力をもっていると説かれる。

ちなみに食堂内には聖僧像《しょうそう》として、賓頭盧尊者《びんずるそんじゃ》、文殊菩薩《もんじゅ》、あるいは迦葉《かしょう》尊者がまつられる。これもインドに発するもので中国でも四世紀ごろから行われた。わが国でも奈良時代以前から、阿弥陀仏や十一面観音などとともに聖僧像が奉安され、食時にはまず最初に献飯供養される。

唐招提寺は開山《かいさん》鑑真和上が平城宮の朝集殿《ちょうしゅうでん》を賜って講堂とされたが、その後方に建てられた食堂は藤原仲麻呂《なかまろ》の寄進による。これを記す『建立縁起』によれば、堂内には薬師浄土を描く障子（壁障）が安置されていたという。そこに「今阿弥陀仏像并脇士菩薩像聖僧像」と註記がある。後世の書き込みともとれるが、豊安《ぶあん》が撰述した承和《じょうわ》二年（八三五）ごろには、すでに弥陀三尊とともに聖僧像がまつられていたものと思われる。

平安時代になると、賓頭盧尊者と文殊菩薩のいずれを上座とするか、あるいは文殊のみをまつるべしといったことが議論される。天台の最澄《さいちょう》は大乗の寺では文殊菩薩のみを上座として崇敬《すうけい》すべしと主張した。賓頭盧尊者は十六羅漢の第一にあげられる阿羅漢《あらかん》、小乗の声聞《しょうもん》だから排すというのである。

これは、鑑真和上が伝えた戒が四分律《しぶん》（小乗）と梵網経《ぼんもう》（大乗）をふまえたものであったのに対し、最澄は四分律を棄てて梵網経による戒のみでよしとして、大乗戒壇の別立を希《ねが》ったこととも関連する。

鎌倉時代に唐招提寺を中興した覚盛《かくじょう》上人は『菩薩戒通受遣疑鈔《けんぎしょう》』という著述のなかでこれにふれて、「たとえ大乗寺といえども賓頭盧尊者を安置して過失はない」とし、その理由として「賓頭盧は声聞位に住すといえども、すでに廻心の菩薩であるから」と論じている。議論は別として、このころには食堂には両像が並びまつられていたことを示唆《しさ》しているといえよう。

唐招提寺の訶梨帝母社が食堂に付属したものとみることが許されるならば、東大寺二月堂参籠《さんろう》所の食堂にもその類例がうかがえる。ここには賓頭盧尊者と毘沙門《びしゃもん》天、そして外陣《げじん》といった位置に訶梨帝母がまつられている。そのようなことから、修二会《しゅにえ》の間、毎日正午の食作法では、まず二月堂本尊に仏飯献供されたあと、これら三尊への献供が、まとめて賓頭盧尊者の前に供えられる。

食堂内になぜ毘沙門天がまつられているのかも不明のようだが、訶梨帝母もかつては堂外にまつられていたのではないかと思われる。お像は十一世紀後半の作とされ、現存する像としては最古に属する。

二月堂食堂の訶梨帝母像が、当初からいまのように安置されていたとすると、逆に唐招提寺の訶梨帝母社も食堂内にあったか、との検討が必要となる。唐招提寺の食堂は弘安元年（一二七八）に修理されたが、その後あい次いだ数度の地震で江戸時代までに退転してしまったようだ。

河内《かわち》（大阪）の観心寺にも「訶梨帝母天堂」がある。いまの堂は天文《てんぶん》十八年（一五四九）の再建で、旧堂は南北朝の興国五年（一三四四）に炎上したが、創建は古いといわれる。同寺は文武《もんむ》朝に草創ののち、唐から帰国した弘法大師が弘仁六年（八一五）に自作の如意輪《にょいりん》観音を本尊とし「観心寺」と命名したという。

訶梨帝母は「如意輪観音儀軌《ぎき》」に定められた鎮守としてまつられたというのだが、元《がん》慶《ぎょう》七年（八八二）の資財帳によると十余の堂をもつ大伽藍で、僧房《そうぼう》三棟、大衆院食堂などの名もみえる。こうしたことからすると、かつては食堂に付属していたと考えられないであろうか。聖僧像も現存し、これは資財帳の講堂の条に「唐聖僧像一軀《く》」とあるのに当たるという。これも大師は食堂安置像として請来された、と考えられなくはない。

さて、唐招提寺のいまの訶梨帝母社は江戸時代以降の建築である。それはよいとして、お像も盗難にあい名標がまつられるのみであった。

そののち、平成九年に新像を造顕した。園城寺《おんじょうじ》（三井寺《みいでら》）像（重要文化財）を模したもので木造彩色《さいしき》像。元奈良国立博物館学芸課長の故光森正士氏に監修していただき、京仏師、江里康慧《えりこうけい》氏の謹刻、夫人の江里佐代子氏の彩色截金《さいしききりがね》による。小像だが念入りを期したのはこの社が、律院の食堂に付属する形式の古様を伝えるものと理解したのと、天平金堂《こんどう》の解体修理をひかえて、伽藍守護に一層の威光倍増を祈願してのことである。

6. 椿に癒しを求める

近ごろは花や野菜に季節感がなくなったが、園芸店にはまだそれが残っている。ハウスものや洋種は別として、露地の樹木や草花は季節をたがえたりはしない。先日も立ち寄ってみると、椿の苗木がところ狭しと並んでいた。椿は万葉の時代から親しまれているが、わが国固有の植物であったというのも興味ぶかい。

先にすこしふれたが、唐招提寺にも椿の好きな長老がおられた。七十五世宝静《ほうじょう》長老（一七六五―一八四四）で、いまも旧開山《かいさん》堂から東門へ通じる木立ちの中に、師が好んで植えた名残りと思われる椿が結構ある。このあたり、江戸時代には塔頭《たっちゅう》が並んでいたが、明治になって民有農地となったので、椿も多くは切られてしまった。藪椿の類が主だが、花をあつめてみると色とりどり三十種はある。

師の椿好きに因んだわけではないが、京都妙蓮寺の玉竜《ぎょくりゅう》院の「十六羅漢《らかん》」石庭が僧房東室《ひがしむろ》の中庭に移された。三十余年前に、もと奈良国立文化財研究所におられた故森蘊《もりおさむ》氏により配置復元されたものである。玉竜院は『桂御別業之記《べつごう》』に桂離宮《かつらりきゅう》の作庭者の一人と書かれている玉淵《ぎょくえん》房（寛文六年＝一六六六寂）が住んだ塔頭である。妙蓮《みょうれん》寺の椿は徳川家康が「余の花はみな末寺なり妙蓮寺」と賛したという名椿《めいちん》として知られる。

さて、長老宝静は諱誉諄《いみなよじゅん》、平安時代にはじまる藤原氏花山院《かざんいん》流の歌や鞠《まり》の師範家の第二十代、一品亜相飛鳥井雅重《いっぽんあしょうあすかいまさしげ》卿の子として明和二年（一七六五）に生まれた。律僧の出自としては特異であるが、それは途中から律僧の道を歩むことになったからである。『慈雲《じうん》尊者《そんじゃ》全集』第一巻には弟子の一人として、北川智棄《ちかい》長老が撰した師の伝歴が収められているが、やがて唐招提寺へ入るきっかけともなるエピソードが記されている。

師は少年にして東山若王子寺晃諄《こうじゅん》大僧正《だいそうじょう》に従って出家した。天明七年（一七八七）には二十三歳で権《ごん》僧正に任じられ、寛文十一年三十五歳のとき三井《みい》寺で両部灌頂《りょうぶかんじょう》を受けた。ここまでは天台系の貴族僧ともいうべき道を歩んだが、酒にまつわるできごとが転機となる。

師が貴族の出身で年少くして高い位を授けられているのを妬《ねた》んだ友人が、ある日たくらんで師と酒宴をもち、強いて酒を勧めて酔わせた。そしてあらかじめいい含めておいた一婦人の膝枕で睡らせた。後に三井の門主にこれを告げて讒《ざん》したため、破門されてしまった。師はこれを深く慚愧《ざんき》し、東密すなわち真言密教に転じて慈雲尊者の門をたたく。寛政十二年（一八〇〇）尊者の下で菩薩戒を受け、翌年には尊者から西大寺《さいだいじ》流を皆伝された。

師が唐招提寺に入ったのは四十歳の文化三年（一八〇五）二月である。その八月に沙弥《しゃみ》戒・比丘《びく》戒を受けて律宗宗徒となった。その前年に寺では、平城《へいぜい》天皇勅願《ちょくがん》により建てられた五重塔が雷火により焼失した。師はこれを惜《おし》み、その焼残木をもって鑑真和上坐像をつくり、関係寺院に配した。厨子《ずし》入りの像高二十五センチほどの像だが、その底部に塔の焼け残りの木で彫《ほ》った旨を自署している。何体造られたか明かでないが、京都高山寺《こうざんじ》・法金剛院に現存する。

七十五世長老となる前年の文化十三年、師は別受戒を受けた。三師七証《さんししちしょう》を前に四分《しぶん》律の二百五十戒を一カ条ずつ誓うもので、通常の授戒よりも一層厳格なものである。破門という屈辱を払拭《ふっしょく》し、鑑真和上の正当な戒律の継承者になろうとする、師なりの顧慮と決意があったと想像される。

塔の焼残木を用いたことにうかがえるように、古いものを大切にしようと心掛ける心こまやかな人であった。文政七年（一八二四）には古経類を整理している。

歴代の衆僧が書写した経はおびただしい量だが、自らの実用のためのものが多いから、継ぎのりがはずれたり、千切れたりしたものも少なくない。それらが無雑作にしまわれていた。ただ律僧には、反古《ほご》同然のものもむやみに捨てないといった一面がある。それらを丹念に分類したわけで、天保《てんぽう》四年（一八三三）に十五巻を調巻、修復し箱に納めている。

手に負えない残片はふたたびいくつかの米俵につめられて校倉《あぜくら》の天井裏にしまわれた。まるまってすでに繊維化したものもあったが、先年の調査で、その中から『一切経音義《おんぎ》』『令集解《りょうしゅうげ》』の断簡《だんかん》が発見されて、重要文化財に指定された。

文政四年（一八二一）、難波《なにわ》の月華社という俳句結社により芭蕉の句碑が西室《にしむろ》北の開山堂（のちに焼失）の傍に建立された。これにも師の人となりや社交性が反映したと思われる。京洛にすごした三十五歳までは、出家はしても貴族の趣味や風雅に染ったであろうから、身についた品性は自然にあらわれたにちがいない。椿をことさら賞《め》でたのもその類であろう。興福寺など諸寺の人々との親交もひと味ちがっていたであろう。

焼失した塔の再建は懸案であったが、思うにまかせず、類焼した東鎮守社だけが文政十年に再建された。これには二十カ国に勧進《かんじん》したという。天明八年（一七八八）の京都大火では壬生《みぶ》寺も焼失した。こちらの方は長老就任と同時に壬生寺輪番《りんばん》になると、翌年から再建にかかり、文政八年に本堂・方丈《ほうじょう》を完功した。

どういうきっかけからか、文政十二年秋には五日間大和の高市・十市両郡の名所旧跡を辿《たど》っている。その旅で求めた古瓦の拓本をとって、十冊の古瓦譜にまとめた。私はまだ未見だが、大江廣海なる人の序文も付されているという。

晩年の痛恨事である開山《かいさん》堂・西室《にしむろ》の焼失は師六十九歳の天保四年十一月十八日初更（午後八時ころ）のことであった。西室のいちばん北、開山堂に接してあった祠堂《しどう》から出火したという。金堂《こんどう》・講堂に及ばなかったのは不幸中の幸であった。

翌月、再建のための書類が奈良奉行《ぶぎょう》所へ提出され、翌年六月には関東まで使いが出され、修復勧進のために富くじ発行を願い出たが、江戸でもすでに元禄から禁じられており、却下された。天保《てんぽう》六年には壬生寺で七カ年間勧進することを願い出たが、ついにメドもつかぬまま、師は天保十四年七十九歳で寂した。

師は椿を賞《め》でてあちこちに植えたが、長老としての事績はなかったという人もいる。たしかに山内には大事業もなく、逆に長老としては面目ない御影堂（開山堂）・西室の焼失といった不祥事があったが、これは不運の一語につきる。花を賞でるといえば風雅に聞こえるが、好んで椿を植えたのも実はそれに癒しを求めたのではなかろうか。

天保四年に伝香寺で修された筒井順慶《じゅんけい》の二百五十回忌は、師が導師をつとめた。そのとき同寺の椿が枯死していたので、師によって後継樹が植えられたという。散り椿の落花はいかにも武士の最期を象徴しているようである。武士椿《もののふつばき》という命名も、宝静長老であったかもしれない。

7．無言の松が語る「戦争」

もう慣れっこになってしまった感があるが、松くい虫の猛威はすさまじい。唐招提寺境内には、かつて老若千本近い松があった。それが今では三百本に満たぬ数になってしまった。昭和三十七年の第二室戸台風で、四百本もの大木がなぎ倒されたのが最大の痛手だが、昭和四十年代の松くい虫の流行で二百本ほど枯れ、その後も年々数十本ずつ枯れ、補植しても追いつかない。

松を枯らすのはマツノガイセンチュウだが、これを運びまき散らすのはマダラカミキリで、一匹が五千から一万のガイセンチュウを抱いているという。枯れた木は少しでも早く伐採し、焼却しないと隣へと移る。防除のため全身薬まみれに濡《ぬ》れながら、薬剤散布したことが忘れられない。

かつて環境庁（現・環境省）の方が空中散布について意見を求めてたずねてきた。樹齢五十年の松は五十年かかって成育した樹木である。もう思案しているときではなく、可能な対策はすぐ実行すべきだ――。せっかく薬剤散布した松が十日もたたぬうち赤く枯れはじめる無念さもあって、熱っぽく訴えたことがあった。

松くい虫は十数年周期で大発生する。効果のある薬剤を造ろうと思えばすぐできるのだが、採算が合わないから製造しないのだと聞かされて、企業エゴともいえる話に腹だたしく思ったのもそのころである。

古来、松はめでたいものの象徴として神事にふかくかかわってきた。その意味では、仏教とは縁がうすい。景観保持をになってきたというのがもっぱらの貢献であろう。その松に過去にも受難があった。それは太平洋戦争末期に、物資に困窮した軍部によって、松根油《しょうこんゆ》が採取されたことである。

松根油とは松の樹脂を採取し精製したものである。根もとから五十センチ～一メートルの高さのところで、幅二十センチ、上下五十センチほどの樹皮をはぎ、V字状のキズ溝を二十本ほどつける。やがてキズに沿ってにじみ出る樹脂を下で器に受けて採取する。径三十センチの木で一年間に三五〇〇グラム採れるという。

その用途はペンキやワニスの溶剤をはじめ、多岐にわたる。ガソリンに松根油を混ぜるとなめらかさを増し、より馬力が出る。現今のハイオクと同じである。だが昭和十九年、敗戦の色濃くなり一億総玉砕《ぎょくさい》が叫ばれるころ、航空燃料もひっ迫してきた軍部は、代用燃料として松根油増産をはかった。

奈良公園の松からも採取が強行された。時の官選知事織田成就、商工大臣松本丞治氏らは景観保持の点から強く反対したが、非常時を理由に軍部に押し切られてしまったという。

唐招提寺境内でも数十本から採取されたと思われ、私の入寺した昭和三十四年ごろには、あちこちでそのキズ跡がみられた。いまも金堂《こんどう》のすぐ西、西室《にしむろ》跡のいちばん南の二本の赤松がそのキズを癒《いや》している。樹齢九十年ほどとみられるから、当時は三十年ぐらいであったろう。

この松根油が採取されたのは、八十世北川智榮《ちかい》長老のときである。智榮長老は終戦の翌年昭和二十一年三月に逝去された。もちろん私は見知る由もないが、本坊の持仏堂に入るたびに、お姿は肖像写真で拝している。

大正四年に八十世長老となられたが、それ以前から執事《しつじ》として実務を司り、明治三十二年、律宗の再独立を果たされた。律宗のありようを真摯《しんし》に求め実践された人で、剛直というか気短《きみじか》でガンコな人であったようだ。

食事は小食《しょうじき》（朝食）と大食《だいじき》（昼食）の二食だけで、夕食を含め午後は食べものを口にされなかった。晴天の日も常時「浜げた」を履《は》いておられたという。接地面を少なくして虫などを踏み殺さないためである。すべて戒律に遵《じゅん》じ「如法僧《にょほうそう》（すべて法の如くある僧）」をめざしておられた。日本最後の如法僧と評する人もある。だが一面、「お前、まねたらアカンでー」と忠告してくれる人もある。時代がちがう今、そのままを踏襲《とうしゅう》しようとしたら、視野のせまい人間になるというのである。

それはともかく、戦争に関していえば、僧侶の徴兵《ちょうへい》に反対し、幾度か兵役免除《へいえきめんじょ》を帝国議会などに請願している。これも殺生戒《せっしょうかい》にもとづくもので、そのはじめは大正九年、仏教各宗が僧侶に被選挙権付与を請願したときであった。

律宗はそれはいらないからそのかわり「徴兵令ノ一部ヲ改正シ我ガ国古来ノ原則ニ基《もとづ》キ、本宗ノ如キ終生仏戒ヲ奉仕《ぶじ》シ肉食妻帯ヲナサザル僧侶ニ対シ兵役免除ヲ与ヘラレンコトヲ請願ス」と、総理大臣をはじめ内務大臣、文部大臣に願い出ている。

貴族院では採択され委員会付託にまでなったのだが、実現には至らなかった。その後も、もし免除ができないなら、当時師範学校出の教師に許されていた短期現役をと請願したが、それもならずに太平洋戦争となった。

やがて寺の青年僧にも、病弱な者を除いて、みな赤紙がきた。智棨長老の昭和十八年の日記によれば、いちばん末の弟子が十二月に入営することが決まると、仏舎利一粒と、「必勝軍茶利明王《ぐんだりみょうおう》」と自らしたためた書を用意し、持たせておられる。

入営した弟子たちは、唐招提寺の僧であることをひた隠しにしたという。わかると上官ににらまれるからであった。そうした話を耳にされたとしても、おそらく当の長老は、そんなことぐらいで律宗の主張をまげるわけにはいかぬ、と突き放されたにちがいない。

戦時中に仏像を疎開させたかという質問がよくある。『大和文化研究』誌の〝大和百年の学問と文化〟特集号（昭和四十二年）で、南都寺院の管長方の座談会を載せている。唐招提寺の場合、金堂周囲に土嚢《どのう》を積むことが考えられたが、予算がないとして沙汰《さた》止みとなり、移動可能の像を宇陀《うだ》の大蔵寺へ疎開させるようにと文部省（当時）から勧告してきた。

病床にあった長老にかわって応対した八十一世長老は「千二百年、開山（鑑真和上）ここにいやはってお仕え申してきたんや。もし爆撃されたら、長老なり私なりが、開山さんといっしょに果ててしもて二度とお目にかかりまへん――」と、お帰りいただいたと語っておられる。

樹脂をしばらく採取したところで、枯れはしないといわれればそれまでだが、そのキズ跡の痛々しさに比して、得られた松根油から何ほどの戦果があったのであろうか。だまってみつめる長老の姿がしのばれる。

いま私たちは平和を満喫している。それはそれで結構なのだが、いささか平和をもてあそびすぎてはいないだろうか。無言の松がそう語りかけているようだ。

8.「両に稲田」の唐招提寺

実りの秋といっても、近年は黄金色のじゅうたんを敷きつめたような稲田の光景は、めっきり減ってきた。

稲田といえば、唐招提寺にとってはにがい想いの歴史の一頁がある。

明治新政府の宗教政策は、廃仏毀釈《はいぶつきしゃく》ともいわれるように、強硬なもので、ことに南都《なんと》諸寺にはきわめて困難なものであった。神仏分離、廃寺、宗派の統合があい次ぎ打ち出された。東大寺の華厳宗は浄土宗に属したが、他の諸大寺はすべて真言宗の傘下となった。やがて明治十五年に法相《ほっそう》宗が独立し、華厳宗、真言律宗がそれにつづいたが、弱小をきわめた唐招提寺が律宗として再独立したのは、明治三十三年になってからである。

また、寺禄《じろく》の全廃に加えて、明治四年には上地令により、諸堂の雨落ちから外側はすべて官有地とされた。そしてその多くが農地として民間に払い下げられた。

唐招提寺の場合、創建以来境内地が減少することは一度もなかった。それがここにきて約七割が民有地として霧散《むさん》したのである。旧境内地が国の史跡に指定されたのは昭和四十二年になってからである。その時の資料によると、総坪数三二四〇〇坪（概算）のうち、かつての官有地である境内地は三割に満たない約九五〇〇坪である。田畑山林の地目、つまりその後買い戻されて寺有となった土地が一二三〇〇坪。民有のままの土地七八〇〇坪。ほかに大軌鉄道（現近鉄）敷地とされた土地が二八〇〇坪余りである。このうち鉄道敷地は、民間所有となった土地が大正はじめに買収されたもので、寺としては如何《いかん》ともできなかったのである。そのため線路に分断されて、さらに西方にも旧境内の土地がある。

こうした惨状をなんとかしなければと、買い戻しに心血を注いだのが、八十世北川智桀《ちかい》長老であった。師は七十九世大森覚明《かくみょう》長老のもとで執行《しゅっこう》長をつとめた。大正四年に八十世長老となってからは、いよいよこの難題に心を痛めた。何よりも経済的基盤がなかったからである。幸い、壬生《みぶ》狂言で知られる京都の壬生寺が末寺であったため、節分会《え》の浄財がたのみの綱であった。しかしこれも限りのあること、想像を絶する涙ぐましい努力であった。

智桀長老が昭和二十一年に寂したあと、この問題は八十一世森本孝順《きょうじゅん》長老にひきつがれ、線路西側などを残すものの、近年に至りようやく旧に復した。ほぼ百年にわたる悲愴な戦いであった。

金堂《こんどう》の西前に会津八一《やいち》氏の歌碑があるが、さらに西の雑木林の中に松瀬青々《まつせせいせい》氏の句碑がある。この句碑こそは、こうした困窮の時代のあったことを忘れてはならない、との智椠長老の遺誡《ゆいかい》でもあった。

門を入れば両に稲田や招提寺

と刻され、碑陰には「来遊諸子のすゝめ黙しがたく旧句を題す当時此寺荒廃して風情余りありしが稲田は其後寺に帰して今松林と成れり、昭和戊辰三月青々記」とある。

両面とも青々氏の自筆で、昭和三年三月に建碑された。高さ一・五メートルの細長い柱状の碑石は四国の庵治《あじ》石である。遺弟子の古川巻石氏によれば、青々氏は庵治石をことに好んだそうで、弟子で京都伏見の石屋岡本尺角という人が刻したという。

いまの南大門《なんだいもん》は昭和三十五年に復原された。それ以前はいま寺務所の横に通用門として建つ高麗《こうらい》門があった。明治十九年の棟札《むなふだ》をもつがずっと後に移建されたようである。巻石氏によれば、当時はいまの南大門の西にある門しかなく、もっぱらそこから出入りし、入るとすぐ道の両側が田んぼで、青々氏はそれを詠んだのだという。たしかに、さきごろ買い戻されて薬草園が計画されている戒壇《かいだん》南の地は、十年ほど前まで稲田であった。その東側も智椠長老が買い入れて林とされるまでは田であった。

俳人・松瀬青々氏は明治二年（一八六九）大阪に生まれ、昭和十二年（一九三七）一月に六十七歳で没した。俳句をはじめてわずか二年で、明治三十二年一月の『ホトトギス』に正岡子規の推奨をうけて、一躍注目をあびた。高浜虚子のすすめにより上京して同誌の編集にたずさわったが、半年で戻り大阪朝日新聞に入社した。会計部に勤めるかたわら朝日俳壇の選を担当した。以後大阪を離れず、関西俳壇の振興につくしている。明治三十四年に『宝船』を創刊し、大正四年しばらく休刊していた同誌を『倦鳥《けんちょう》』と改題して復刊した。

多作家で、三集十巻の句集がある。また絵画の技量もなかなかのものであったという。氏の没後『倦鳥』は昭和十九年まで続いた。四十一年に青々三十年忌の遺作展が開かれ、これを機に翌年、門人のひとりであった東大寺故狭川明俊長老を主宰に迎えて復刊し、古川巻石氏が編集主幹となって、いまも続いている。

唐招提寺に句碑が建つことになったのは、大正七年五月に朝日俳句大会が、寺の礼堂《らいどう》で行われたのがきっかけである。『倦鳥』同年六月号には、大会のもようを記したあと、北川智栞老師の希望により、開山《かいさん》堂のほとり、芭蕉句碑のあたりに「頃日の青々が開山堂の吟を句碑として建てる事に成った」と記されている。

巻石氏によれば、青々氏は芭蕉とともに鑑真和上を深く崇敬していたという。すでに幾度も参詣《けい》していたであろうが、大会の打ち合わせに寺を訪ね、長老との歓談の中で、建碑の話に至ったのであろう。

寺に青々氏自筆の書が二紙ある。一紙は金堂の尊像についてのもの。もう一紙には開山堂と題し、芭蕉翁が元禄元年（一六八八）に和上像を拝しての吟ありと言葉書きして

ふかくゐまして御眼くらきよ庭の花

御ふし眼に外は桜の雪まがふ

の自作の二句を書き、末尾には「大正七年四月八日　青々記」とある。「頃日の青々が開山堂の吟」とはこれのことであろう。

だが、建碑の話はその後、曲折があったようだ。青々氏は右のどちらかの句と考えていたのであろうが、それが、「門を入れば――」の句となり、場所も金堂西方の林の中となった。

巻石氏によれば、それは長老の強い要望からであったという。長老は「私は死んでも何も残らぬが、先生の句は後世に残る。寺の困窮の時代を後世いつまでも忘れないために、ぜひこの句を碑に刻んでほしい」と願った。仏教にも造詣が深かったという青々氏が、長

老の熱情にほだされ、その意を汲《く》んだことは容易に察せられよう。
それにしても風雅をうたう俳句に托するには、あまりにも重い歴史の一頁である。

第六章　交流のあしあと

1．友好の花「けい花」

鑑真和上のふるさとの花「けい花」は、毎年五月初旬に花どきを迎え、例年初花を和上にお供えする。雨にたたかれたりしなければ月初めの一週間ほどが見ごろである。

耳なれぬ花の名だが、それもそのはず、つい先ごろまでは揚《よう》州の大明寺《だいめいじ》にただ一株しかなかったという珍花である。資料らしいものもほとんどなかったが、一九八五年に揚州市の市花と定められて、「琼花《けいか》栽培」といった小冊子も出版され、揚州市でも増植に力を入れているようだ。

けい花は、「瓊花《けいか》」と書く。「琼花」とも書かれるが、琼の字は中国の簡体字でわが国でいう略字ではないから、漢和辞典をひいてもなかなか出てこない。瓊（琼）は美しい玉といった意味で、あるいはひろく美しいものの形容に用いられる。瓊樹といえば玉のように美しい木をいう。瓊花も元は玉のように美しい花といった普通名詞であったであろうが、やがて特定の花の名となった。

すいかずら科（忍冬科）に属する灌木《かんぼく》で、ガクアジサイに似た花径十余センチの乳白色の花である。中心部は雄しべと雌しべをもった白い小さな花が、線香花火が散ったように無数にひらき、周囲を五弁の大きな装飾花（アジサイは四弁）が八つとりまく。別名を八《はっ》仙《せん》花・聚《しゅう》八仙というのはそれからきたのであろう。杭《こう》州あたりでは蝴蝶《こちょう》花といった別名もあるという。

この花の名が美しい容色の形容、美人の顔のたとえともなり、唐の李白の詩「秦女休行」は「西門秦氏の女、秀白瓊花の如し――」とうたっている。

芳香があり、それを中国の人は蓮《はす》の香に似ているとして「香如蓮花、青馥《せいふく》可愛」と記しているが、近づくとむせるような香は、日本人には少々強烈かもしれない。盛りのころは虫が群れとび、全身真っ黄色の花粉にまみれながら蜜《みつ》を吸っている。

自生のものは広く各地の山野や林下に分布したようだが、今はどうであろうか。古くから稀《まれ》な花とされて、広い中国でももっぱら揚州の花として珍重されてきた。大明寺に一株しかないというのも、人工的栽培がむずかしかったからであろう。諸橋《もろはし》大漢和辞典にも「紫陽花《あじさい》に似、世に稀で、又、栽培しにくいといふ」とある。

花好きの日本人も、この花だけは移植できなかったのか、千二百年来その記録がなく、名前すら伝わらなかった。

この花がわが国にもたらされたのは、昭和三十八年（一九六三）鑑真和上の千二百年忌を記念して、中国仏教協会から寺へ贈られてきたのが最初である。このとき贈られてきたのは和上ゆかりの揚州の植物として、けい花・芍薬《しゃくやく》・紫竹《しちく》の苗木と、馬尾松《ばびしょう》という松の種であった。中国とはまだ国交断絶のときであった。両国仏教徒の交流促進に尽力された大谷瑩潤《えいじゅん》師（東本願寺連枝）が、記念法要の打ち合わせのため北京を訪ねて託された。長老の命により、大谷師が住んで居られた東本願寺前の枳殻邸《きこくてい》で、おそるおそるいただいて帰った思い出がある。これらはいずれも御影《みえい》堂の供華園《くげえん》に植えられている。

けい花は二年後に花をつけたが、どういう種類の木か不明であった。故・小清水《こしみず》卓二先生のもとへ花を届けて調べていただいたのだが、わが国の植物学者も見たことがなかったとみられ、植物図鑑には全く見あたらなかった。あちこち尋ねた末に京都大学で中国の植物図鑑にあるのを教示され、ようやく概要を知ることができた。

贈られてきた苗木は「テマリバナ」の台木に接ぎ木したものであった。昭和四十五年になってその台木の方が芽ぶいたために、接ぎ穂のけい花が次第に衰弱し、ついに枯れてしまった。幸い以前に挿し木してあったので事無きを得て、それが今では三メートルほどになり、毎年百個ほどの花をつけている。

さらに孫にあたる苗木が、一九八二年に来日された趙紫陽《ちょうしよう》首相により和上の御廟《びょう》に記念植樹された。こちらの方はどうした原因からか、もうひとつ調子がよくない。

揚州大明寺のけい花は、清の康熙《こうき》年間（一六六二—一七二二）に植えられたという三百年の老樹で、傍らには天下無双——天下に一株しかないという意味で、「無双」と名づけられた亭《あずまや》が建てられた。近年惜しくも枯死したようだが、若木が十株ほど増やされているから、いまごろは香しい見事な花を開いているであろう。

大明寺は揚州市北郊の蜀崗《しょっこう》という高台にあり、宋の大明年間（四五七—六四）の創建であるが、運河に近い市中にはかつて瓊花観《けいかかん》とよばれた道教の寺があった。漢の成帝の元延二年（紀元前一一）の草創と伝え、ふるくは后土廟《こうどびょう》と称され道教でいう地の神がまつられていた。唐代には唐昌観《とうしょうかん》、宋代には蕃釐観《はんりかん》と名をかえたが、境内にけい花が植えられていたことから瓊花観と通称された。

宋の仁宗の慶暦年間（一〇四一—四八）にここのけい花を開封《かいふう》（河南省）へ移植したところ枯萎《こい》してしまい、もとに戻したらよみがえったという。また、淳熙《じゅんき》年間（一一七四—八九）にも孝宗が杭州の皇居内に移したら生長せず、戻すと元気になったといわれる。栽培移植がむずかしいことを意味するが、皇帝たちの愛着ぶりがうかがえよう。そして不思議なことに南宋朝が滅亡（一二七九）すると、瓊花観のけい花も突然枯死してしまったと伝える。

瓊花観が揚州のシンボルであったことは、境内の南側を東西に走る大路を「瓊花観街《けいかかんがい》」、西側を南北に通る小路を「観巷《かんこう》」と名づけられていたことからもうかがえよう。大路の方は三元路という広い道路にとり込まれたが、小路の方はいまもその名をとどめている。

隋の煬《よう》帝が運河を開いたのは、実は揚州へけい花を見に行くためであったと伝聞される。いかにもこじつけた話ではあるが、煬帝が江都宮という離宮をつくり、揚州をこよなく愛したことはよく知られている。

わが国には、けい花は唐招提寺のほか、佐賀市と坊津町《ぼうのつちょう》秋目に一株ずつある。鑑真和上が嘉瀬津から筑後川をさかのぼって大宰府へ入られたとの推定から、佐賀県民により顕彰碑が建てられたときに福岡総領事館から寄贈されたものである。秋目には平成三年冬に鑑真記念館が建てられたときに唐招提寺から苗木を贈った。

唐招提寺にけい花が贈られて四十年になる。その間に外部に挿し穂を分けたのは二カ所だけである。寺のものが万一絶えたときには導入していただけるようお願いしてのことで、各方面から希望はあるが他は一切お断りしてきた。森本長老がかたくなに門外不出とされたのは、中国仏教協会からの意趣を顧慮するからにほかならない。

御廟域に株数をふやして、参拝の方にも広く賞《め》でていただけるよう、いま若木を育てている。

追記＝秋目のけい花はその後記念館前庭の一隅に定植された。地元では潮風にやられては大変と、慎重を期して特別に囲いを設けて大切にされている。そういえば揚州も奈良も直接海に面していない。けい花が潮風に対してどのようかといった実験でもある。

2．日中仏教の恩人――趙樸初居士

中国から趙樸初《ちょうぼくしょ》氏夫妻が来日。といっても一般にはその名を知る人は少ないようだが、中国仏教協会の会長であり、わが国仏教にも多大の尽力をいただいてきた方である。平成五年秋の来日は、中国仏教協会の設立四十周年を記念するとともに、趙樸初氏の米寿を祝うわが国仏教関係者の招きに応じられたものであった。

中国仏教協会は昭和二十七年（一九五二）に設立された。これを発起準備し成立させたのが氏であり、爾来《じらい》その秘書長、副会長などを歴任されてきた。同協会は氏とともにあったわけで、「現代中国仏教の生き証人」と称される由縁である。

中国仏教協会発行の氏の著『仏教常識答問』が平成四年に日本語訳されて、京都法蔵館から『仏教入門』の書名で出版されている。問答形式で、氏がこれだけは常識にしたいという、二百五十余の設問に、仏教の教義やインド・中国における歴史が説かれている。ぜひ一読されることをおすすめする。

氏は一九〇七年十一月五日のお生まれである。文学・歴史・哲学を学ばれ、大学時代に仏教学にふれ、深く仏教各宗の教理を研究されたという。そして一九三〇年（二十三歳）ごろから仏教と社会救済事業活動をはじめられ、当時の中国仏教会の主任秘書ともなった。さらに仏教に尽瘁《じんすい》して、魚肉は一切食べないというかたくななまでの精進《しょうじん》生活を実践し貫いておられ、居士《こじ》号を与えられている。

居士というとまず思い起こされるのが、維摩《ゆいま》経の主人公の維摩居士であろう。趙樸初氏はこの維摩に比定されるといっても過言でなかろう。維摩居士は釈尊《しゃくそん》時代にインドのバイシャリーに住んだ富豪で、学識のすぐれた在家信者という想定の、物語の人物だが、もし現代に実在したら、おそらく氏のごとくであろうと想像する。

舎利弗《しゃりほつ》らを喝破《かっぱ》する維摩にはガンコ一徹さを連想するが、氏は至って温厚である。だがその底流には維摩に通じるものがうかがえ、数十年の経歴にはそれをしのぐ粘り強ささえ感じられる。

一九三〇年代の抗日戦争では多くの青壮年を動員指導したといわれ、太平洋戦争中の苦難ののち、一九四九年に中国全土が解放されると、仏教界を代表して中国人民政治協商会議の全国委員となり、その副首席にまでなられた。そのほか中国仏学院院長、中国紅十字会名誉会長などにもなられた。また、詩人・書家としても有名で、毛沢東に書を教えたことはよく知られている。

来日中、京都での歓迎大会で、氏は四十年間の中日仏教界の友好の歩みを振り返り、交流の意義を縷々《るる》述べられた。

「――いまや世界のさまざまな政治勢力が協調、変化しております。この情勢は平和と発展にとりましてますます有利であると共に、仏法を広めることにも有利な時期であります。東西両文化の大統合・大交流・大融合は現代の時代において、人々の心を浄《きよ》め社会の平和をもたらす仏の教えを広めるにも、いろいろな可能性を提供してくださいました。

こうした未曾有の国際大環境の中で、われわれ両国の仏教徒は手をたずさえ合って協力し、いろいろな角度から全方位的に仏教のすぐれた伝統を高揚し、仏陀《ぶっだ》の智慧《ちえ》と摂理《せつり》を人類にささげ、衆生を苦悩から救い出し、魂をなぐさめ人生にめざめ、人生の中で自分のすべてをささげるよう努めるべきだ、と考えております。これも時代がわれわれ仏教徒に授けてくださいました使命でもあり、またわれわれが思考と誓いを実践するにあたって、当然の責務でもあります。――」

と所信を述べられた。右は録音テープからの抄録であり、氏には失礼であるが、その意とされるところは汲《く》みとることができよう。

この席では触れられなかったが、趙樸初氏個人としてはやはり鑑真和上に絶大な崇敬の念をもっておられる。ことに文化大革命により瀕死《ひんし》の状態にあった中国仏教を、蘇生させたのが和上の里帰りであり、その意義の極めて大であったことをだれよりも深慮しておられた。来日に先だって、唐招提寺森本長老が頂戴した書簡は、長老の健康を見舞うものであったが、十三年前の里帰りにもふれて、その際の記念誌に載せられた氏の文言を用いて記されていた。

それは「千載一時的勝縁、一時千載的盛挙」というもので、日本流にいえば「千載一遇の勝縁であり、一遇千載の盛挙である」――和上の東渡は両国関係史における千年に一度ともいえるすばらしい勝縁であり、それはまた千年にわたって輝く盛挙であった。同様に、千二百年ぶりの里帰りも、歴史に残る盛挙であり全く同じ意味をもつものだ――という。

この文句は人民日報紙に載ったのが最初ともいわれるが、中国では名言の一つとして称賛されている。里帰りに際し氏から長老に贈られた礼賛文にもうたい込まれており、和上御廟《ごびょう》の玉垣に氏自らの筆跡で石刻されている。昭和五十三年（一九七八）に来日された鄧小平氏への長老の要請に対し、同氏の即座の受諾にはじまる里帰りは、その実現により諸々の波及効果を及ぼした。これを未来千年にわたる壮挙であると、だれよりも和上に稽首《けいしゅ》しておられるのが趙樸初居士である。

ちなみに、里帰りに同行した奈良新聞、鶴井記者の同行記事（昭和五十五年五月二十一日付）によれば、揚州《よう》大明寺《だいめいじ》での和上像公開に先だって行われた歓迎レセプションで趙樸初氏は、

「揚州はいま若葉の季節です。芭蕉の名句〝若葉して　おん目のしずく　ぬぐはばや〟を思い起こさずにはおれません。おん目のしずくは望郷の涙だったに違いありません。ところが、その涙をぬぐい去ろうと努力された森本長老の目から、いま新たな涙がこぼれ落ちるのを見ました。和上像もきっと歓喜の涙を流されていることでしょう。しかし、私はその涙を永遠にぬぐい去ろうとは思いません。唐招提寺と大明寺の灯が永遠に照らしあい、唐招提寺のけい花と大明寺のサクラが永遠に咲き競うことを祈ります」

とあいさつされたという。（前項参照。けい花はガクアジサイに似た揚州の珍花、和上の千二百五十年忌の際に中国仏教協会から唐招提寺に贈られた。サクラは里帰りの記念に、唐招提寺から大明寺に贈った三百余本の奈良八重桜と吉野の山桜である）

趙樸初居士は都合二十回近く日本を訪ねているが、「日本の秋ははじめてなのです」と語っておられた。

追記＝趙樸初居士はその後平成十二年（二〇〇〇）五月二十一日に世寿九十三歳で逝去された。私が執事のころ、幾度も来山されたが、その後も北京で数回お目にかかった。平成七年秋、森本長老遺愛の経袋と念珠を形見にさし上げ、私の長老就任あいさつをしたときはすこぶるお元気であった。翌年森本長老の肖像が出来たので、坐像をお連れして伺ったときは、すでに入院しておられた。しかし、わざわざ病院を抜け出し、かつて鑑真和上里帰りのとき法要が行われた法源寺で五体倒地の三礼をしてくださった。最後にお目にかかったのは平成九年であったと思う。北京の病院をたずねると、病床にありながら一時間以上も日中友好について語られた。あの時の熱弁ぶりが今も忘れられない。生前のご厚誼を謝し心からご冥福をお祈り申しあげる。

森本長老の肖像は、鑑真和上像と同じ脱活乾漆《だっかつかんしつ》造の技法による高七十五センチの坐像で、彫刻史研究家の本間紀男氏が製作された。長老が生前に開始し、三年余にして完成した寿像である。平成八年六月の一周忌に奉納され開眼《かいげん》した。その秋、念願しておられた中国再訪の旅を、寿像をお連れすることで果たした。

3, 和上上陸の秋目に記念館

鹿児島県の秋目に「鑑真記念館」が建設され、平成四年十二月二十日に落成式が行われた。

天平勝宝五年（七五三）十二月二十日の昼ごろ、鑑真和上は遣唐副使大伴古麻呂《おおとものこまろ》の船で、いまの川辺郡坊津町《ぼうのつちょう》秋目の浦に到着された。

その秋目の浦が一望できる小高い丘の上に、昭和四十一年には地元の人々によって和上上陸の記念碑が建てられ、「鑒眞大和上　滄波を淩いで遙かに来たるの地」と刻されている。その当時から熱望されていた記念館が、横手に建設された。

鉄筋コンクリート二階建て、延べ二百三平方メートルのコンパクトなものだが、外観を唐招提寺金堂《こんどう》を参考とした、おちついた建物である。一階は倉庫等で二階が展示場となっている。

階段をのぼると、まず吹き放ち風のベランダからは、眼下に秋目の浦とその向こうに、はるか東シナ海の海原を見渡すことができる。そして総ガラスの壁面は外側が鏡になっている。夏のつよい直射日光をふせぐためだそうだが、ここに海原がそっくり映り、いっそうのひろがりを感じさせる。

建物内部は展示物のある部屋と、その外側のロビーとの二重構造になっている。風の強いときや天候の悪い日は、総ガラス張りのロビーから、ベランダからと同じ海をながめることができる。

展示場に入ると、いちばん奥に国宝の和上像を模して中国で作られた坐像を安置し、その横には「ジオラマ」というスライドとアナウンスにより、和上の伝歴と業績を語ってくれる装置がある。左右の壁面には『東征伝絵巻』の中から十カットほどをえらんだ電照パネル、医学や書道にまで及んだ和上の事跡を説明した写真パネルや年譜が掲げられている。この地に第一歩をしるされた鑑真和上を余すところなく理解してもらおうとの、苦心と熱意のあとがうかがえ、有料だが入館者に納得していただける密度の濃いものとなっている。

記念館建設は、昭和六十三年にこの地区の宮内夕子《たねこ》さんが「ぜひこれをもとに和上の記念館建設を」と、町に三千万円を寄付されたことにはじまる。

宮内さんは八十二歳（平成四年）という白髪のおばあちゃんであった。同郡内の川辺町の生まれで、師範学校を卒業した後、加世田小学校の教員をしていたとき、結婚して秋目の人となった。戦後は県の地域婦人団体連絡協議会の会長を六期つとめたという才女でもある。昭和五十六年にご主人が他界され、いまは年金と恩給による一人暮らしだそうだが、上陸記念碑建立の推進者となるなど、鑑真和上を篤《あつ》く崇敬してきた人である。浄財の寄付を伝え聞いた森本長老も、ぜひお元気な間に実現するようにと念じておられたものである。

これがきっかけとなって、地区の公民館所有地が提供されるなど、宿願達成の機運が高まり、町も建設にふみ出した。

当初意見を求められたとき、全く私的な考えとして、二つの建物から構成してはどうかと考えた。前面は鑑真和上の伝歴等を理解してもらうパネル展示場の館、その奥に和上像を奉安する小堂風のものを想定した。

町という公機関が推進する場合、必ずや政教分離の原則が立ちはだかり、制約にしばられよう。一方、そこを訪れた人は、尊敬の念から手を合わせ、花を供えたり賽《さい》銭を置いたりしたくなる心情も否定できない。そうした雰囲気のあることに安堵《ど》する人も少なくない。

二つにしておけば、将来老朽化したとき、少なくとも小堂の方は集まった賽銭をあてることも異論なく、さらに全国の心ある人々に呼びかけることも可能である。どこかに風穴をあけておくことも必要と考えたのである。

別面、坊津町はおそらくこれからも漁業が主であり海産物の町であろう。もしここに土産物を売るコーナーも設けようといった案が出たとき、和上像を安置した同じ館の中で売店をという訳にもゆくまい、といったことも念頭にうかんだ。

だが、町の人々は私などよりはるかに純朴で、そうした意図は微塵《みじん》もないようだ。のちにみせていただいた設計案はやはり一棟のものであった。当初総工費七千万円と聞いていたが、立地条件等の制約から、縮小されて五千五百万円の予算規模となったという。

宮内さんの寄付のうち、三分の一が建設に充当され、残りは維持費として積み立てられたとのことである。建設費の大方は県からの補助金や融資によったらしい。その代わり香花や賽銭を供したいという願望への対応は宿題となったようである。

記念館に鑑真和上像を寄付されたのは、秋目の出身で、いまは名古屋に本社がある会社を経営されている森野さんという方である。当初石像を考えておられたようだが、屋内となれば木造か乾漆《かんしつ》像がふさわしかろう。中国桂林《けいりん》に合弁会社があり、年に数度は中国へ行くという。それなら、鑑真和上の里帰りのとき、揚《よう》州市の工芸美術研究所が国宝の和上像を克明に観察して、同じく乾漆像を複製し大明寺《だいめいじ》の記念堂に安置されている。揚州で同じお像を造ってもらえるなら一層意義深いことになろうと決めた。寺からも早速、大使館と揚州市長に手紙を出したのだが、折あしく台風による大洪水で、揚州も大変なことになった。「復旧のためそれどころでなく、不可能」という返事があったとのことで、どうしたらよかろうと再度相談の電話が入った。

和上里帰りのあと、中国では各地で和上像のミニチュアが作られている。あるいは大きなお像も造られているかもしれないから、あたってみてはと提案した。しばらくして森野さんから、運よく揚州で製作されたという像がみつかったので、ゆずってもらったとの報告があった。

記念館に安置されたお像は、いくぶん若いお顔であった。だがそれは、国宝像が造られたのは和上が七十六歳で示寂される直前のお姿であり、秋目上陸はその十年前であるから、と考えて自らを納得させた。それにおろがむこちらの位置によって、いろいろな表情がうかがえる容貌《ようぼう》である。手など粗《あら》づくりの部分が気にならないではないが、どうしても国宝像が念頭にあるからであろうか、中国人の製作の特異性なのかもしれない。

地元の人々の念願が実って、立派な記念館がオープンした。落成式に参列した宮内さんの笑顔が印象的であった。

記念植樹にと、長老からの贈りものとして、大明寺ゆかりのけい花の苗木を持参した。

追記＝のちにもれ聞くところによると、記念館建設には財政的困難を理由に反対も多かったようだ。そうした中であえて建設にふみきったのは、谷上幸男町長の英断であった。宮内タ子コさんはお子がなかったので、町長や周囲の暖かいお世話をうけ平成七年二月十一日に逝去された。私も翌年、納骨されている秋目の正法寺霊堂に献香した。

町では毎年夏に「鑑真大和上まつり」が行われている。谷上町長からは今も便りをいただく。今年七月には地元の体育館で前進座による「天平の甍」が上演されたという。また、平成十七年三月には周辺の市や町との合併が確定しているそうである。

4．一二五〇周年の紀念訪中

平成五年十二月六日から八日間、中国江南の諸寺を巡拝した。

十二月十日に揚《よう》州大明寺《だいめいじ》で行われた「唐鑑真師東渡日本千二百五十周年紀念活動」に参列するのが眼目であった。幸い、留学僧普照《ふしょう》が入唐《にっとう》前に籍をおいた大安寺《だいあんじ》から、副住職の河野良文師の同道を得た。僧は私と河野師の二人だけであったが、一行十五名で訪ねることができた。

栄叡《ようえい》、普照が大明寺を訪ねて聖武天皇の寵《ちょう》招を伝え、鑑真和上がそれに応えて渡日伝戒を決意されたのは唐の天宝元年（七四二）十月であった。従ってわが国では、天平勝宝六年（七五四）二月の平城京着到までの十二年のご苦労をしのぶが、このたびの中国は、渡航の準備が整えられ出発しようとされた翌七四三年からかぞえて、東渡千二百五十周年としたものである。

私たちが揚州に着いたのは十二月九日夕刻であったが、すぐさま大明寺をたずねた。監《かん》院《いん》（執事《しつじ》の職）の能修《のうしゅう》師の出迎えと先導で、まず大雄宝殿《だいゆうほうでん》で献香礼拝《らいはい》し読経したあと、

「鑑真紀念堂」に参り、献供献香して般若心経と「鑑真大和上和讃」を読誦《どくじゅ》した。

歓迎のあいさつで「大明寺としては、今回の紀念行事を近来にない大きなことがらとして重視し、取り組んでいます」といわれた。江蘇《こうそ》省の四つのテレビ局が取材に来ていたとかで、山門にあたる牌楼《はいろう》前でバスを降りるなり、ライトとテレビカメラの放列を浴びたことからも、寺ばかりでなく江蘇省、揚州市も重要視していることがうかがわれた。

昭和五十五年（一九八〇）の和上里帰りのころの住持《じゅうじ》は能勤大師であったが、七年ほど前に病気で退かれ、その後亡くなられた。後任住職として南京から瑞祥《ずいしょう》大師が来られ、五年ほど前に唐招提寺へも来訪された。師も前年病没され、住職は空席となっていた。瑞祥師の弟子である能修師が監院として寺を差配しておられた。瑞祥師は揚州市仏教協会会長でもあったから、当時は会長も空席で、副会長の高旻《こうみん》寺徳林《とくりん》大師が後見役をつとめておられるようだった。

前回訪ねた四年前と明らかにちがっているのは、若い僧に入れかわっていることである。能修師は弱冠二十八歳である。大明寺にかぎらないようだが、和上の里帰りからでもすでに十三年、文化大革命後に育てられた幼少年僧が、いまや中堅になりつつあり、ことに重点寺院では積極的に世代交替がはかられているようだった。

文化大革命後の中国仏教を支えたのは、ひとたび還俗《げんぞく》をよぎなくされ、その後寺へ復帰した人々であった。中には妻帯した人もあったようだ。以前に仏教代表団の一員として来日された方に蘇州《そ》で再会した。あとで聞くと、彼は妻帯されていたので、寺の中には住めず外から通ってきていた。本当は寺で二番目の人だが、三番か四番目になっている——とのことであった。大明寺でも以前からいる年輩の方に出会ったのは一人だけであった。いかにもなつかしげに声をかけてくださったが、他の方々がどうされたかは、ついに聞きそびれた。

十日の「紀念活動」は三部で構成されていた。午前八時から十時まで「紀念大会」が蔵経楼の前で行われ、ひきつづいて「紀念法要」が鑑真紀念堂で約一時間営まれた。午後は二時から四時半まで客房の会議室で、揚州市各界の代表十余名による「座談会」があった。

まず第一部の紀念大会には江蘇省の十カ寺、揚州市の十二カ寺から長老住持監院の職にある八十余人の僧尼はじめ、江蘇省と揚州市の宗教担当の要人や文化・芸術・建築関係などの代表者合わせて二百五十人ほどが招待され参集した。そして壇上には揚州市人民政府から二人の副市長、江蘇省民政庁長、江蘇省宗教局副局長、揚州市宗教局長、揚州市政治協商会議副首席といった要人と、中国仏教協会副会長の茗山《めいせん》大師、江蘇省仏教協会副会長雪烜《せっぽん》大師、徳林大師、能修監院が列座し、私と河野師も日本からの代表として同席した。

まず主催者として徳林大師が挨拶され、趙樸初《ちょうぼくしょ》中国仏教協会会長からの祝電を披露したあと、「今日鑑真大師の東渡千二百五十周年を紀念することは、大師の精神を発揚し中日文化交流と友好往来を促進するためです。仏教のますますの発展と世界平和と人民の幸福を祈ります」と結ばれた。

つづいて能修師が揚州生まれの和上の伝歴と業績を述べて讃え、「――身命を惜しまぬ献身的精神と忍耐強い気力を想い、中日文化交流史上にうちたてられた偉大な功績を崇敬し、昔をしのびながら将来に向けて、たゆまぬ友情と親交を広めなければなりません」と強調した。

中国仏教協会の立場からあいさつされた茗山師は、

「――唐代の二人の高僧、玄奘《げんじょう》三蔵はインドに赴き仏教経典をわが国にもたらし、鑑真和上はわが国の仏教を日本へ伝えました。これは中華民族の光栄であり、中国仏教史上非常にすばらしいできごとです。

私たちは鑑真和上から三つのことを学ばねばなりません。第一は、艱難辛苦《かんなんしんく》を恐れず渡航を決意したその精神です。第二には失敗にめげず、挑戦し続ける不撓《ふとう》不屈の精神です。第三は、仏教の戒律を重んじ、日本への渡航も戒律を伝えるためでした。この意味から私たちは、中国仏教協会の精神にもとづき、仏教の腐敗に反対し、戒律を守り信仰を深めなければなりません。そして私たちは将来に向けて仏教を海外に広めなければなりません。中国・インド・日本の友好往来を促進しなければなりません——」

と垂示《すいじ》された。

つづいて指名された私は、鑑真和上の里帰りに際して熱烈な歓迎をいただいたことに感謝したあと、

「——揚州大明寺と日本の唐招提寺が共に永遠に続くことが、和上の遺徳を末永く伝えることになり、日中両国の交流親善を深める礎《いしずえ》になると考えます。そのためにも、ことに江蘇省と揚州のみなさんが、大明寺の存在意義を理解し、外護《げご》してくださることが大事だと思います。

和上が日本で過ごされたのはわずか十年でした。しかし森本長老は今も和上は生きておられると考え、和上像にお仕えしておられます。たとえば今日のような寒い日には『和上、火鉢をお持ちしましょうか』などと語りかけたりされます。このような心持ちが続く限り、和上は永遠に生きておられます。このことは大切なことです。さきほどらい語

られている、和上の精神の発揚や、交流にもつながることになるからです――」
といったことを述べた。

5. 鑑真の精神に学べ

紀元節、皇紀といった言葉もほとんど用いられなくなって、いまでは「きねん」というとき「記念」と書くが、中国では「紀念」である。「活動」の語もわが国ではクラブ活動、ボランティア活動といった用い方だが、「鑑真大和尚東渡《とうと》日本千二百五十周年紀念活動」という、中国の「活動」はいささかニュアンスを異にしているように思われる。わが国で行事、大会、事業というようなところであろうか。

鑑真和上をどうお呼びするかもいろいろと検討されたようだ。唐招提寺ではとくに、孝《こう》謙《けん》天皇から賜った「大和上《だいわじょう》」の賜号《しごう》にもとづいて、鑑真大和上、あるいは大を略して鑑真和上とお呼びしている。

一般に僧を呼ぶときは「おしょうさん」などというように「和尚」という語が用いられる。これはサンスクリット語「ウパーダヤーヤ」の俗語形の音写で、和社・和闍《わじゃ》・烏《う》波《ば》駄《だ》耶《や》などと表記されたひとつで、南都《なんと》諸宗や真言では「わじょう」、天台では「かしょう」、禅宗や浄土宗では「おしょう」とよむ。

現今の中国では通常は法師が用いられ、尊称して大師《だいし》ということが多い。十四年前の里帰りのころは「鑑真大師」であった。今回も招請状には「鑑真大師――」であったのだが、揚州へ伺ってみると、会場の横断幕には「鑑真大和尚――」とされていた。インド以来の「和尚」に大を冠して、大和尚とお呼びしようということになったようだ。

紀念活動が十二月十日とされたのは、招請状によればこの日が陰暦十月二十七日にあたるからと註記されていた。五度目の渡海は海南島漂着、失明という惨憺《さんたん》たる結果の上陸であった。その三年後の天平勝宝五年（七五三）十月、遣唐大使藤原清河《きよかわ》らが和上を訪ねた。大使一行はそれより先、玄宗《げんそう》皇帝に五人の仏教僧の日本渡行を願い出たのだが、それなら道教の僧も連れて行けといわれて、断念したのだという。

和上の第一回渡海の企てからすでに十年、栄叡《ようえい》・普照《ふしょう》が入唐《にっとう》してから二十年を経ていた。その間に大仏造立などがあったが、いまだ正式な授戒は整っていない。そうした日本仏教界の実情をつぶさに聞かれて、失明の身をおしても渡日しなければ――との決意を新たにされたにちがいない。『東征伝』によれば、和上一行は十月二十九日夜、揚州開元寺《かいげんじ》をひそかに脱出されたとある。その二日前の十月二十七日を卜《ぼく》しての紀念活動ということになったのである。

前項のごとく次第した大会は、私の次に江蘇省宗教事務局の方が挨拶された。氏も鑑真和上から学ぶべき三つをあげられた。その一つは勉強にはげむ精神である。和上が知識豊かな高僧となられたのは、若いときに勉強にはげんだからである――と強調された。第二はたび重なる艱難辛苦《かんなんしんく》にも初志を枉《ま》げなかった忍耐強い精神を学ぶべきであり、第三に仏法のみならず文化、医学、建築など多方面にわたる貢献を学ぶべきである。「――私たちはこうした大師の精神を学び、大師の偉徳を顕彰《けんしょう》し、中日両国の友好のために努力してまいりましょう」と呼びかけられた。

最後に挨拶された揚州市副市長の王功亮氏は、われわれが一堂に会して大師の貢献をしのび、大師の精神を発揚することは歴史的意義をもつと述べたあと、「――大師を紀念しその精神をひろめるには、大師のふるさと揚州市を立派に建設するだけでなく、ゆかりの大明寺《だいめいじ》を仏教の聖地・観光名所にするためによく建設することに努力しなければなりません」と強調された。ついで「この場をお借りしてご来席の皆さまによいニュースをお伝えします――」と、大明寺の棲霊塔《せいれいとう》再建工事が正式に着工したことを披露された。

棲霊塔は隋の文帝の仁寿元年（六〇一）に建てられた。七十メートルの高さを誇る九層の塔は蜀岡《しょくこう》（大明寺のある丘の名）にそびえ、李白や白楽天など多くの詩人も仰ぎ見て、中国で最も立派な塔とたたえられたという。在唐中の和上も仰がれたわけだが、武宗の会昌三年（八四三）に焼きはらわれてしまった。山門《さんもん》にあたる牌楼《はいろう》に「棲霊遺址《いし》」とあるのはこれをいう。その後、再建は実現せずに今日にいたっていた。

「――現在、国の経済が繁栄するにあたり、国内外の皆さまの支援のもとで、九五年上半期に落成する予定です。そのときは大明寺は新しい姿で皆さんをお迎えするでしょう」と結ばれた。

続いて鑑真紀念堂での法要となった。江蘇省十カ寺、揚州市内十二カ寺の約百人の僧が堂内に並び立っての読経は、抑揚のある音律で独特の雰囲気をかもし出し、ある種の法悦《ほうえつ》にひき込む力を秘めている。能修《のうしゅう》監院の先導で私と河野師、そして二人の侍者を従えた導師の徳林《とくりん》師が和上像の正面に進み、献香三礼《さんらい》した。中国側の読経に続いて日本の私たちが般若心経《はんにゃしんぎょう》と「南無《なむ》鑑真大和上」を称えたのだが、平板なわが国の読経は、中国の人々にはものたりないものであったかもしれない。

最後に能修師が「疏文《そぶん》」を読みあげた。わが国でいう表白文《ひょうびゃくもん》にあたり、紀念法要の趣旨をのべた鑑真和上の遺徳を讃嘆したものだが、澄んだ張りのある声で一語一語かみしめるように、それでいてうたうような朗唱は、堂内に格調のある余韻を残した。

午後の座談会は徳林師の司会で、中国仏教協会副会長茗山《めいせん》師、尼僧代表二人、能修師と私、そして作家、画家、書家、土木建築、花き盆景協会の代表や、市の文物管理委員会、宗教事務局、それに鑑真医院院長といった面々十五名が集まって行われた。具体的課題を討論するのではなく、それぞれの立場での感想が述べられ、午前中のあいさつ同様、鑑真の精神を発揚し、人民の平和と幸せのため、揚州市発展のために貢献しようということに帰結する。

その一方、奈良市と姉妹都市になりたいといった意見も出され、約二時間半の座談はくつろいだものであったが、真摯《しんし》さは十分に伝わってきた。もっとも印象的であったのは、「紀念とは忘れないことです」という徳林師の言葉であった。

棲霊塔建設のことが副市長から発表されたのは、大明寺が揚州市人民政府の管理下にあるからである。大明寺に限らず、寺院は僧集団ではなくすべて当該人民政府の文物管理委員会により運営管理されている。塔の建設費は日本円で約二億円、その六割が国の出資で、残りの四割は寄付などによるのだという。それにしても八千万円は大変な額である。諸外国で活躍し成功した華僑《かきょう》の人々が、出身地の寺などにお礼の意味から寄進することが多いと聞く。大明寺の場合もそうした喜捨《きしゃ》などのメドがついているのであろうか。建設工事はすでに地盤の基礎固めが進んでいた。「大明寺重建棲霊塔縁起」と題する喜捨を募るパンフレットによると、この塔の建設はこの「一千二百五十周年紀念」の事業に位置づけられていたようだ。とすれば紀念活動は翌年まで続くことになる。

追記＝大明寺棲霊塔は一九九五年に完成した。揚州市の新しいシンボルの一つとして今流行のライトアップされている。監院であった能修師は平成九年（一九九七）十二月五日大明寺住職（方丈）に就任され、仏学院充実や新しい鑑真和上紀念館、薬草園の計画を推進しておられる。

残念なことに茗山大師は平成十三年（二〇〇一）六月一日に示寂された。八十八歳であった。平成八年（一九九六）森本長老の坐像をお連れして、鎮江市焦山定慧寺でお目にかかったのが最後となった。昭和五十六年にはじめてお目にかかって以来、もし中国でお仕えするとしたらこの方かなどと、ひそかにあこがれていた人である。

6. ふたたび江南の春

晩唐の詩人・杜牧《とぼく》（八〇三―五二）が南京《なんきん》を詠んだ詩に「江南春《こうなんのはる》」というのがある。

千里鶯啼緑映紅　千里《せんり》　鶯啼《うぐいすな》いて　緑《みどり》　紅《くれない》に映《えい》ず
水村山郭酒旗風　水村《すいそん》　山郭《さんかく》　酒旗《しゅき》の風《かぜ》
南朝四百八十寺　南朝四百八十寺《なんちょうしひゃくはっしんじ》
多少樓臺烟雨中　多少《たしょう》の楼台《ろうだい》　烟雨《えんう》の中《うち》

隋《ずい》によって南北が統一されるまでの分裂時代、南朝は六つの王朝が交替するが、いずれも都はいまの南京であった。この時代は仏教が中国にひろがった時期でもある。ことに梁《りょう》の武帝時代（在位五〇二―四九年）はその全盛期で、杜牧は四百八十寺と詠んだが、最も多いときには七百カ寺をかぞえたといわれる。

旧臘《ろう》の中国訪問は八日間という短時日であったが、上海では龍華寺、玉仏寺、静思寺、寧波《にんぽう》の阿育王寺《あいくおうじ》、天台山国清寺《こくせいじ》、杭州霊隠寺《こうれいいんじ》、蘇《そ》州の寒山寺《かんざんじ》・西園寺《さいえんじ》、揚《よう》州大明寺《だいめいじ》・高旻寺《こうみんじ》、鎮江の金山寺《きんざんじ》、焦山定慧寺《しょうざんていけいじ》、南京の棲霞寺《せいかじ》・鶏鳴寺、肇慶の慶雲寺《じょうけいけいうんじ》、広州六榕寺《ろくようじ》を巡拝した。めまぐるしい旅で、読書でいえば乱読というより頁をめくっただけ、との誹り《そし》があるかもしれない。

文物《ぶんぶつ》という点からすると、中国の寺はごく一部を除いて、大方は明清《みんしん》時代以降のものであり、むしろわが国の方が古いものを多く伝えている。にもかかわらず私たちが訪ねるのは、日本仏教の祖山つまり祖師たちが活動されたところであったり、先達《せんだつ》たちが留学師承《ししょう》した故寺だからである。いわば由緒の確認である。そこで、寺々が現在どのようであるかを、ひとつでも多く見てきたいという希い《ねが》があった。

今回の巡拝で見た最も強烈な現象は、江南の寺々の堂塔の新築ラッシュである。大明寺の棲霊塔《せいれいとう》建設のことは前項で書いたが、揚州市南郊の高旻寺では豪壮な大雄殿《だいゆうでん》が完成間近かで、軒まわりや内装が急ピッチで進められていた。さらに他の一隅では塔を建てる作業がはじまっている。すぐ横を流れる運河よりも深く、十メートル以上も掘り下げて基礎づくりの最中であった。この寺は小宇《う》しかなかったのか、文化大革命で廃却されたのか、全面的に新伽藍《がらん》を現出しようとしていた。香港の華僑《かきょう》の信者さんが寄進したのだともれ聞いた。作業場風の建物がいくつもあり、案内されたその一つは仏像制作場で、五百羅漢《らかん》を制作中であった。この寺のではなくて他の寺からの注文だという。住持の徳林《とくりん》法師の多角経営のらつ腕ぶりがうかがわれた。

塔の建設にもっとも早く着手したのは蘇州寒山寺で、すでに基壇《きだん》部が完成している。だが七重塔が完成するのは三年くらい先になるという。その資金を得るために住持の性空法師は自らの揮毫《きごう》を頒布《はんぷ》しておられる。数年前に来日された折、奈良県日中友好協会も展示即売会を開いて協力されたが、寺を訪ねた際も、これから揚州大明寺へ出発しますといいながらも、筆を走らせておられた。執務室にはぐるりの壁面いっぱいに軸装が掛けられていた。門前から、唐詩「楓橋夜泊《ふうきょうやはく》」(張継《ちょうけい》作)に出てくる楓橋(蘇州)へと通じる道の土産店にも、師の書軸が売られていた。通訳氏のはなしでは「実はあまり書きすぎるので値段が下がってしまった——」とのことであった。

南京の武玄湖畔に鶏鳴《けいめい》山とよぶ小高い山があり、山上に鶏鳴寺(鶏明寺)がある。大明寺での座談会に二人の尼僧が出席されたが、それがこの寺の住持宗誠尼《そうせいに》と監院《かんいん》の方であった。ここには九層塔がそびえており、遠くからもよく目立つ。初層には明《みん》代の作というブロンズの薬師仏がまつられている。山上にいくつもの堂舎があるが、新たに大雄殿を建築中であった。ここのはすべて木造で、ちょうど棟上げを終えたくらいまで進んでいる。浙江省《せっこう》に属する寧波阿育王寺でも二つの塔のうちの一つを修復している。修復といっても鉄骨やセメントを用いているから新建に近い。天台山国清寺でも大きな羅漢堂が新築されていた。堂内にまつる羅漢像も寺内でつくられている。

上海市街のまん中にある静思寺は密教寺院で、先年奈良の大安寺《だいあんじ》から密教法具類が贈られている。商店と軒を接して門を開き、奥行きは広いもののほとんど空間がないほど堂舎が密集している。それでもなお、何のお堂であろうか、木造で相当大きな新堂が建設されつつあった。

あたかも国をあげての経済改革が打ち出されて、各省各市の人民政府は思いおもいの方策を実行しつつあるようだ。揚州市でも郊外の田園を大々的に埋めたてて、広い道路をそなえた工業地帯をつくりつつある。寺院の堂塔建設も国の経済改革に呼応したものとみられ、外に向けては外国観光客誘致のため、内に向けては人民の遊楽や憩いの場づくりの一翼となることをめざしているのであろう。

こうした姿に、私は杜牧の詩「江南春」の情景を思いめぐらせていた。四百八十寺の盛況には遠く及ばないが、現代における江南の春といえなくはない。かつては王侯貴族により現出されたものが、現代では国家プロジェクトと直接間接それを支えている華僑によってよみがえりつつあるかのようである。

だが一抹の不安がよぎる。こうした現象が中国の歴史のひとこま、振り子が大きく振れている状況にあるとすると、またその反動がありはしないかと。天台山から寧波へ戻るバスの中で、案内の外事弁公室の婦人の話が印象的であった。

「もっともお金がかかるのは結婚式とお葬式です。結婚には五万元（平成四年の一元は約二十円）はかかります。仏教のお葬式もかかります。お父さんお母さんの二つのお骨を納めるごく小さなお墓でも二千元です。お寺で位牌《いはい》を書いてもらうと五百元、一カ月分の給料です。親戚《しんせき》やお友達に食事をしてもらおうとすると、三千元から五千元はかかります。ほかにも――」

雑談で実際をいったまでで非難しているのではない。ただこれが、やがて「仏教は金がかかる」という意識として定着し、そうした仏教は「悪い」とされかねない。すでに一方で、ふたたび貧富の差の広がりが、ささやかれはじめているからである。

第七章　大和路余録

1. シキミと鑑真和上の伝承

桜の花だよりに隠れるようにして、樒《シキミ》が花どきを迎えていた。

この花を愛らしい――といったら、お前は屈折していると精神分析されそうだが、淡い白黄緑色の花がひそかに咲いているさまは、いかにも地味で愛らしい。だが、シキミはもっぱら仏の花といわれ、寺の境内《けいだい》でさえ目立たぬところに植えられているから、花が人目にふれることもまれである。この花の宿命であろうか。

シキミはモクレン科の灌木《かんぼく》で、その花よりもむしろ枝葉に香気があるところから、香木の「樒」の字があてられた。四季に通じる常花として、仏前に供えたり葬儀の門花《かどばな》として用いられる。神前に供える榊《サカキ》に対して「梻」の国字もつくられている。

シキミの語源にはいろいろな説がある。枝葉にも毒性があるが、ことにその実が猛毒をもつところから「悪しき実」が略されたというのが一般的である。実は甘いということだが、ハナノミンという有毒成分は一命にかかわるという。このほか葉の茂みから「繁芽木《シキメキ》」といったのが略されたとする説。また、実の形から「重実《シキミ》」という説。あるいは「四季芽《シキメ》」が転じたなどともいう。

平安時代にはすでにシキミが仏事にひろく用いられた。『源氏物語』の「総角《あげまき》の帖」には「――名香のいとかうばしく匂ひて、樒のいとはなやかに薫れるけはひも――」とある。『枕草子』の第百十五段には清水寺参詣《きよみずでらさんけい》の情景が描かれているが、シキミの枝を使って寺僧が参籠《さんろう》者の身を清めさせる様子が描写されている。また、『今昔物語』巻十四の第四十四話は、明石《あかし》の浜で両界マンダラを砂に描いて疫病を調伏《ちょうぶく》する話だが、やはりシキミの枝が用いられている。

『万葉集』にさかのぼると、シキミが詠まれているのは一首だけだから即断はできないが、まだ仏教臭はないようだ。巻二十にみえる大原真人今城《いまき》の歌「奥山にしきみが花のなのごとや　しくしく君にこひわたりなむ」は、天平宝字元年（七五七）の作という。「しくしく（＝シキリに）」とシキミがかけことばとなっていて、単にひきあいに出されているだけだが、当時シキミが山野に自生し香を放っていたことがうかがえる。

一説にシキミは鑑真和上が将来されたという。江戸時代に撰述された『真俗仏事編』第二に、インドから中国に伝えられたものを鑑真和上がわが国に伝えたとある。記載が簡単で典拠も示されていないが、世上に伝えられてきたところを記したものであろう。いまも、大方の仏教辞典がこの説を記している。

『東征伝』には第二次の渡航計画で舶載《はくさい》した品々が記されているが、お香の類として「沈香・甲香・甘松香・龍脳香・瞻唐香・安息香・栈香・零陵香・青木香・薫陸香」と種々の香名がみえる。これには及ばないとしても、来朝を果たされたときも、これに近いものを将来されたとみられている。おそらくシキミからつくられる抹香《まっこう》は最も一般的であったであろうから、その原料ともなる種実を将来されたにちがいないとしたものであろう。

ただし、わが国の植物学者はシキミはわが国に自生していたとする。これに対したとえばシーボルトは、中国または朝鮮から仏教の伝来にともなってもたらされたとするが、いまだに確定できない植物の一つのようだ。

岡山県に鑑真和上とシキミにまつわる伝承《でんしょう》がある。和上が大宰府から難波《なにわ》へと向かう途次《とじ》、備前国《びぜんのくに》(岡山)に立ち寄られて、賀々戸《かがど》(備前市備前町大内)の松ケ鼻というところで休息された。その北にある熊山に霊気を感じ、峨々《がが》として唐の天台山を思わせるようだと登られた。果たして誠に霊地であったので山上に帝釈山《たいしゃくさん》霊仙寺を草創された。ここで人々に戒を授けたところ、夜々光明を放ったので戒光院と号されたという。

仏前に供えるために山中で摘んだシキミは、ふつうは四葉が多いのだが、ここのは五葉で、類《たぐい》ない芳香を放っていた。そこで和上はこれを仏花として供えることを人々に勧められたという。のちの人がこのシキミを麓に移し育て、郷内大内の香堂寺で抹香として宮中に献上したところ、雲井の上まで香登ると賞《め》されて、賀々戸を「香登《かがと》」と書くように命じられたという。

右は、伝香寺《でんこうじ》住職の故徳田明本師が昭和四十二年に現地を訪ね、地元大滝山の丸尾弘然師から教示を得てきた話である。熊山は標高五百メートル余の山であるが、山頂は比較的平坦で熊山神社、霊仙寺戒光院山上伽藍遺跡、熊山遺跡などがある。熊山遺跡は国の史跡に指定されている石積遺跡で、おそらく仏塔であろうとされるが、地元では古くから熊山戒壇と呼び伝えられてきた。

熊山のシキミについては唐招提寺先々代の北川智𣝣《ちかい》長老も関心をもたれて、昭和七年に地元へ照会されている。当時の大瀧山福寿院住持則次春然師からの返書には「樒由来記の件、当山には目下樒の老木はこれ無く、何かの誤伝かと存じ候。当山及熊山は古来樒の多産地にて、古老の口碑に依れば弘仁の昔弘法大師熊山大瀧の樒の香高きを感じ、其の香を尋ねて山に登られしとか。依って本村を香登郷と名付けし云云と。然し現今では熊山にも樒は至極僅少に相成り居りし由に御座候――」とある。

参考にと添えられた『大瀧山福生寺記』（福寿院はその子院の一）は元禄十四年（一七〇一）に撰述されたもので、シキミを採ったのは返書と同じく弘法大師となっている。先代長老もその返書の弘法のところに「過海《かかい》（過海大師＝鑑真和上のこと）ノ誤伝ナラン」と注しておられる。シキミをもっとも多用するのが真言密教ということから弘法大師となったのであろうが、山上遺跡が熊山戒壇と俗称されたことや、熊山をとりまく麓の五カ寺が和上草創と伝承されているところからも、熊山でシキミを採られたのは鑑真和上であったとみられよう。

地方から出てきた受戒者が、その後の修学に資するためにと施与《せよ》された「戒壇院十方供養料」の備前国水田百町は、その後鑑真和上の裁量にまかされたという。天平宝字三年（七五九）、和上はこれを以って唐招提寺を草創された。水田百町が備前のどこであったかは明らかでないが、示寂される天平宝字七年までの四年間に、和上が備前に赴かれた可能性は十分にあろう。

熊山とその周辺五カ寺のうちのいくつかは、再訪されたときの開基《かいき》であろう。そしてこの地の五葉のシキミを賞揚《しょうよう》され、唐の風習をふまえて仏事に用いることを教示されたと思われる。

2. 道鏡の真実の姿をさぐる

世間からひとたびレッテルをはられてしまうと、それを拭い去ることは至難のことである。後世の脚色が次第に誇大となり、やがては帝政ロシアのラスプーチンなどと対比されてしまった道鏡《どうきょう》の場合もその例である。

ここ数年来、道鏡についての認識を改めようというグループができていることは、新聞にも紹介されたと記憶する。私の周辺にも関心をもつ人がいて、それらの著書を届けてくださったりする。

道鏡は孝謙《こうけん》上皇（のちの称徳《しょうとく》天皇）の崩御とともに、いまの栃木県にあたる下野《しもつけ》の薬師寺に配流《はいる》され、その二年後の宝亀《ほうき》三年（七七二）に同寺で没した。同寺の別院とされる龍興寺に道鏡塚があり、その前に「弓削《ゆげ》ノ道鏡について」と題する道鏡顕彰板が立てられている。

今を去る千二百年前、仏教の興隆をはかった僧弓削ノ道鏡の墓所が当所です。道鏡は若くして仏教の学問と修行に志し積年の間刻苦《こっく》精進し、深く宗義に達した立派な人物で、太政大臣《だいじょう》禅師となった方です。

しかるに時の上層社会に権力を振う者の陰謀と圧政により自己の聖職を奪われ、ついにここ下野薬師寺の別当職に移されました。道鏡は都を離れたこの霊場に於いて、西紀七七二年四月七日不遇の生涯を閉じました。

吾々は歴史の真実性を尊重する立場から、従来の正史なるものが治者中心であり、決してありのままのものでなかったことを遺憾《いかん》に思います。

昭和四十四年四月
道鏡顕正会
横浜市古田清幹建之

いささか思い入れの強い文面だが、道鏡が見直されるべきことを主張している。これを設置した古田さんは昭和四十六年に六十七歳で亡くなられた。だが、その翌年夫人によって同氏の著『新史料を基とした道鏡の生涯』が自費出版された。これに触発された人々が「道鏡を守る会」を結成し、平成四年春、右の著書を復刊している。

一方、道鏡の出身地弓削の地にあたる八尾市でも「道鏡を知る会」がつくられ、道鏡ゆかりの地を歩き理解を深めているとのことで、発起人の山野としえ氏（八尾市植松）は『高

僧弓削道鏡　真実不虚《ふこ》』と題する五二〇ページに及ぶ小説を出版されている。なるべく多くの人に道鏡法師を正しく認識してもらいたいと願ったのだが、流通機構に乗せてもらえず自費出版せざるを得なかった、とあとがきにある。

道鏡に関する小説は、坂口安吾《あんご》、今東光《こんとうこう》などいろいろな人が書いている。最近も黒岩重吾氏の『道鏡』上下が新刊された。ドラマチックな盛り上げの必要もあって、どうしても後代に書かれた伝説的な部分や、色欲的な面が誇張される。その点、山野氏の小説はいままでにない道鏡像が描き出されている。さりげなく書かれているところにも、あの史料をこのように理解して、ここにはめこまれたのかと、多くの歴史資料を検討されたあとがうかがえて興味深い。

道鏡はわが国史上まれにみる異色の人物の一人といえよう。かといって全人的に高僧とは私も思わないが、僧の身で奈良時代末期の政界に登場し、太政大臣禅師から法王へと進み、ついに皇位に昇る野心まで持つに至るが、称徳天皇の崩御《ほうぎょ》であっけなく姿を消すその生涯は起状にみちている。

天平宝字五年（七六一）の六月から翌年中ごろにかけて、平城宮では改修の工事が行われ、その間近江国（滋賀）石山の保良宮《ほらきゅう》（石山寺の地）が行宮《あんぐう》とされた。孝謙上皇はここに滞在中に発病し、道鏡がその治療にあたった。

道鏡は「禅行《ぜんぎょう》を以って聞えたり。是に由って内道場に入り、禅師となす――」といわれた。内道場とは宮廷内に設けられた仏事修行の場で、ここの禅師は皇室の信仰ごと、天皇の身体の安穏《あんのん》を祈り看病にもあたった。当然、行幸にも従っていたわけで、女帝と道鏡の密接な関係が生じて、女帝と淳仁《じゅんじん》天皇、恵美押勝《えみのおしかつ》(仲麻呂)との間に反目を生んだ。

道鏡は若くして仏門に入り義淵《ぎえん》の弟子となるが、師の死後東大寺の良弁《ろうべん》の足下についたとされる。訳経典のみならず、梵文(サンスクリット)にも関心をよせた。その一方、役小角《えんのおづぬ》で知られる葛城《かつらぎ》山中で密教修行も積んだという。

道鏡と孝謙上皇の接近は、数十年後の『日本霊異記《りょういき》』で「弓削氏の僧道鏡法師、皇后と枕を同じくして交通《まじわ》り、天下の政《まつりごと》を相摂《と》りて、天《あめ》の下を治む」と批判され、それが鎌倉時代の『古事談』や『水鏡《みずかがみ》』ではさらに脚色された淫猥《いんわい》な話となる。孝謙上皇が独身の女帝であり、かたや道鏡が禅行をもってきこえた清行僧であるという関係が、とかくの風評を生じさせたのであろう。事実上の男女関係を記すものはない。上皇の道鏡へのあまりの信頼と、それを示そうとしての破格の待遇が、周囲の猜疑《さいぎ》心をことさらかきたてたといえよう。

私は当時の僧界の流れからも、あり得なかったと考える。道鏡が僧綱《そうごう》についたのは天平宝字七年（七六三）九月のこと、その五月六日鑑真和上が示寂された、まさに直後のことである。わが国に最初の正式授戒が行われてから十年、ようやく授戒の制も定着して、戒律への関心・理解も深まっていたときである。

そうした時期に、教団追放をされる重罪の第一にあげられる触女人戒《しょくにょにんかい》（女性にふれる戒）を犯したとなれば、それがたとえ位人臣《くらいじんしん》を極めた者であっても、すぐさま批難されることはまぬがれ得ない。かりに道鏡がいかに厚顔であったとしても、平然とはしておれなかったはずである。

ましてや僧綱の筆頭には師の良弁大僧都《だいそうず》がおり、その下には鑑真和上に随従して来朝し、戒壇院戒和上となっている法進《ほっしん》がいたのである。法進がこれを黙視したとするならば、苦難をのり越えてまで他国に来た自らの任を放棄したことになる。このあたりのことが、いまだ歴史学者にも小説家にもほとんど指摘されていないのは不思議である。

法王に任ぜられてからの道鏡は、野望が前面に立つ。道鏡はこの時点で還俗《げんぞく》すべきであった。といっても女犯《にょぼん》を意味してのことではない。女色におぼれたなら、密教の秘法も無効となること、道鏡自身だれよりも承知していたはずだからである。

3. 謡曲「百万」の由来

西大寺《さいだいじ》の東門を入って参道を進むと、右手に四王堂があり、左手には放生池《ほうじょうち》とよばれている池がある。その傍《かたわ》らには柳の古木が池の面《も》にせり出している。

柳といえば細葉の枝垂《しだ》れ柳がすぐに連想されるが、ここの柳はそれと異なり、立柳の系統であろうか、丸葉に近く、枝も垂れていない。一見しただけではこれが柳かと疑われる。四王堂の拝観受付の人にたずねると「日本にはない中国の柳です。もうすこしすると、花のわたが一斉に風に舞い飛ぶ」と教えてくれた。

この柳の由来を書いた立派な説明板もあるのだが、その手前に藤棚があり、花の盛りにはこの方に目がいき、いよいよ柳は忘れられそうである。説明板には「百萬古柳の由来」とある。

観世《かんぜ》流謡曲《ようきょく》に百萬《ひゃくまん》（別名嵯峨物狂《さがものぐるい》）と題し世阿弥《ぜあみ》元清作とあり、昔奈良に百萬という女曲舞《おんなくせまい》（一説には春日大社巫女《みこ》という）在って我が愛児（男子）を連れ西大寺念仏会《え》に詣《もう》でたる時、我が児を見失いしは此の古柳の附近なりと、百萬は仏の加護を念じ念仏を称えつゝ八方我が児を覔《もと》めて徊《さまよ》い遂に狂女となる、しかし後日嵯峨清涼寺の大念仏会に於て再会することを得て、法の力ぞありがたしと愛児諸共《もろとも》都へ帰りたりと――

（以下略）

謡曲「百万」の作者といわれる世阿弥は、十五世紀の人である。その父観阿弥《かんあみ》は、嵯峨《さが》大念仏の女物狂《おんなものぐるい》のものまねが得意であったという。謡曲には物狂《ものぐるい》という分類の一群がある。狂乱の姿はその人にとっては、常と異なる状況におかれたときの心の興奮状態なのだが、第三者からみると浮かれ興じているようにみえる。これが能の見せ場としては好都合なところから、女物狂・男物狂とされる曲がいろいろある。

百万という奈良の女曲舞（芸能者）は実在したらしい。

ただしわが子を失って物狂になったということはなかったのだが、観阿弥の「嵯峨物狂」を改作したとき、世阿弥はこの百万をモデルにしたて、狂女にしたてたのだと推測される。

すでに古くから四王堂近くには楊柳《ようりゅう》が植えられていたようだ。謡曲百万の中に、「西大寺の柳蔭、みどり子の行方白露の――」と詠みこまれている。小学館の『完訳日本の古典』四六・『謡曲集』一の註釈者はこの柳の註に「西大寺の柳は名高い」として、参考に『古今集』の僧正遍照《そうじょうへんじょう》の歌を記している。

西大寺のほとりの柳をよめる

あさみどり　糸よりかけて白露を　玉にもぬける春の柳か

ただし『古今和歌集』同全集九の註釈者は、この歌にいう西の大寺は京都の西寺であるとしている。世阿弥はこの歌を大和西大寺の歌とみたようだ。

さて、この物語のモデルは、円覚《えんがく》上人道御《どうぎょ》（一二二三―一三一一）であった。父が戦死したとき、上人は玉松という名の三歳の幼児であった。東大寺の側に捨てられたが、運よく京から春日社に詣《もう》でた人に拾われ育てられた。のち東大寺に出家し、唐招提寺證玄《しょうげん》律師の下で受戒し弟子となった。その後法隆寺で諸経を学び、長岳寺霊山院《りょうぜんいん》で密教を学んだあと京へ出た。大念仏狂言によって勧進《かんじん》し、清凉寺《せいりょうじ》、壬生《みぶ》寺、法金剛院等の復興につとめた。多数の帰依《きえ》者を得て十万上人と尊称され、後宇多天皇から円覚上人の号を賜った。

記憶もほとんどない幼時に、母に生きわかれたわけだが、上人は母への思慕があつかった。道御の伝にはこれについて二つのことを記している。

その一つは、法隆寺夢殿で母に会えるよう祈っていると、聖徳太子が小童に托《たく》して「汝《なんじ》所願を満たさんと欲すれば、融通念仏《ゆうずうねんぶつ》を唱え、以って四衆を化《け》すべし」とお告げがあった。上人はよろこび京に向った――とある。

夢告《むこく》といった形で方向が示されるというのは、当時よく用いられた。念仏狂言を興行し、群衆が寄ってくれれば、その中にもしや母が居るかも――といった意味づけであろう。さらには、上人が勧進のため三十余所もの道場をもったのは、実は母を探し出すためであった、といわれることにもなる。

もう一つの話は、あるとき上人の前に異僧《いそう》が現れ、「母に会いたくば、播州《ばんしゅう》（兵庫）へ行くべし」と教えて姿を消した。上人は教えに従って歩を進めたが、途中、印南野《いなみの》（兵庫県加古郡稲美町）というところで急に雨となった。大きな木の下で雨宿りしていると、あとから盲目の老女が入ってきた。あれこれ話しているうち、この老女こそ永年たずねた母であることが判《わか》った。母子はよろこび、上人が至心《ししん》に祈ったところ、老女の眼病もたちまち治《なお》った。二人は故郷の大和服部郷に帰り、亡き父のために寺を建て、その菩提をとむらったという。

世阿弥が、母を探し求めた円覚上人の話にヒントを得たのは明らかであろう。十万上人の十万が百万となり、母を求める子が子を求める母におきかえられた。

西大寺と清凉寺をつないだのは、奝然《ちょうねん》が宋国から請来した釈迦如来像を、叡尊《えいそん》が模して西大寺にまつったことをふまえている。叡尊はわざわざ仏師を清凉寺に赴《おもむ》かせ、請来像の前で模刻させた。こうしたいきさつは、当時評判になったにちがいない。世阿弥はそうした巷間《こうかん》の話題を敏感にとらえた。だから西大寺の法会《ほうえ》のにぎわいも、この霊像にあやかろうとする群衆として想定したにちがいない。この霊像がまつられたのが四王堂であり、念仏会が釈迦念仏会であったことは興味深い。

円覚上人がひろめた大念仏は釈迦念仏、つまり「南無釈迦牟尼仏《なむしゃかむにぶつ》」と唱えるものだったのではなかろうか。上人が復興した寺に、いずれも阿弥陀仏ではなく地蔵菩薩をまつっているのもこれに関連しよう。

忍性《にんしょう》の影響も考えられる。忍性は師の叡尊が関西で活動しておられるから、自分は関東の地に布教しようと鎌倉へ向かつた。上人もこれを間近に見聞していたはずである。師の證玄《しょうげん》が唐招提寺の伽藍《がらん》復興に尽瘁《じんすい》しているのを見て、自分は京に釈迦念仏と、戒律を土台にした釈迦の教えを説こうとしたのではなかったか。後世、阿弥陀仏に置きかえられたが、大念仏とは、はじめは釈迦念仏をいったものではなかろうか。これらにふれて、叡尊が何か書いていないか、いま探索している。

謡曲「百万」の中にも、南無釈迦と南無阿弥陀が交互に出てくる。世阿弥はどう理解していたのであろうか。

4. 平安京に咲いた奈良桜

桜といえば、奈良県人としては、県花となっている「奈良八重桜」をまず推さねばなるまい。だがこの花、他の桜がみな散ったあとに開花する遅桜《おそざくら》であるから、せっかちな現今の人々には興味がうすいようだ。

私たちがよく目にするいわゆる八重桜は、里桜《さとざくら》系で種類が異なる。本来のナラノヤエザクラは深山桜の系統で、故小清水卓二博士によれば、オクヤマザクラが重弁化したもので、蕾《つぼみ》は紅、開花すると白、散り際にふたたび紅に色変わりする珍種である。繁殖力が弱く、樹の寿命も短い。そのためか、江戸時代まではいたるところにみられたようだが、次第に姿を消した。

大正十一年（一九二二）に故三好学博士が、東大寺知足院《ちそくいん》の裏山で同種の桜が自生しているのを発見されて、「ナラノヤエザクラ」と命名、学名ともなり、翌年国の天然記念物となった。

多くの人はうっかり見過ごしてしまうが、奈良県庁東側の駐車場の一角に、この純正種の奈良八重桜が移植保護されており、故上田知事が昭和六十年（一九八五）に由来を書かれた標石もある。

いにしへの奈良の都の八重桜
けふ九重ににほひぬるかな

百人一首の中の一首、この歌の「八重桜」は奈良時代聖武天皇の御代に、春日の神体山である御蓋山《みかさやま》から平城宮へ、次いで興福寺の境内《けいだい》であったこの地に移植された霊木といわれている。また平安時代、一条天皇の御時にこの八重桜の一枝が献上され、伊勢大輔《いせのたいふ》が詠んだのがこの歌である。——

（以下略）

かつてこのあたりには興福寺東円堂《とうえんどう》があり、その西脇《わき》に八重桜が植えられていたという。東円堂は鳥羽《とば》天皇の中宮璋子《ちゅうぐうしょうし》（待賢門院《たいけんもんいん》）の御願《ぎょがん》で、天治元年（一一二四）に建てられた。治承《じしょう》四年（一一八〇）の平重衡《しげひら》の焼き打ちで消失、再建はされなかったが、八角円堂で本尊は不空羂索《ふくうけんじゃく》観音であったという。

中宮璋子は権大納言《ごんだいなごん》藤原公実《きみざね》の娘であったが、白河上皇の養女とされて寵愛《ちょうあい》された。十八歳の永久五年（一一一七）、二歳年下の鳥羽天皇の中宮となる。崇徳《すとく》・後白河両天皇以下、五皇子二皇女を産んだ。

天治元年に院号宣下《せんげ》があって待賢門院となる。仏教に帰依《きえ》して興福寺東円堂のほか大治三年（一一二八）には円勝寺、同五年に法金剛院《ほうこんごういん》を建立した。熊野詣《もうで》も十数回に及んだ。康治元年（一一四二）に法金剛院で落飾《らくしょく》、三年後の久安元年八月に四十五歳の生涯を閉じた。

待賢門院はことのほか奈良八重桜を好んだという。『興福寺流記《るき》』東円堂の項には桜にまつわる逸話が付記されている。奈良の都の八重桜をぜひ内裏《だいり》にと、使者を遣《つか》わして掘り起こし運びかけたところ、それを知った興福寺大衆が追いかけて、東大寺碾磑門《てがいもん》（転害門《てがい》）前で捕らえて、これをとり戻したという。「女院の力をもってしても及ばず」と記している。

この話『沙石集《させき》』には一条天皇の女御彰子《にょうごしょうし》（上東門院）のこととし、奈良法師は桜など賞《め》でる心はないと思っていたが、まことに美しい心をもっている――と感心されて、毎年花の盛りの七日間、伊賀国（三重）余野庄《よのしょう》に宿直《とのい》を命じて桜を守らせたとある。

いずれの女御かは別として、右の話の裏には、霊木だからという理由とは別に、たとえ朝廷といえども、そうやすやすと渡してなるものか、といった興福寺衆徒の意地が大いに働いたのであろう。当時は奈良の山野に自生するものが結構あったと思われるが、その地一帯が興福寺や東大寺の領地であり、ともかく他所への持ち出しは不可能であったのであろう。

とすると、奈良の都の八重桜が平安京へ移植された第一号は、法金剛院であったことになろうか。『流記《るき》』にはそのあと、待賢門院が東円堂を寄進建立したことで興福寺衆徒の心も平《やす》らぎ、法雲院が別当《べっとう》のとき都維那《といな》（寺務の執行役）の源勝師が沙汰《さた》して、八重桜の下枝《しもえだ》（ヒコバエであろうか）を法金剛院に移させたとある。

興福寺子院《しいん》の法雲院は、保延《ほうえん》五年（一一三九）十二月興福寺別当に任じられた覚誉《かくよ》にはじまる。覚誉は示寂《しじゃく》する久安二年（一一四六）十二月まで別当職にあり、待賢門院はその前年崩じたから、桜が法金剛院にもたらされたのはこの間のことである。すぐ近くの御室仁和寺《みむろにんなじ》も古くから桜で知られるが、新来の奈良八重桜は異彩を放ち、待賢門院も鼻高々だったにちがいない。以後、この桜は「待賢門院桜」と呼び伝えられた。

法金剛院は平安京西北の双ケ丘《ならびがおか》のふもと、五位山とよぶ小丘を背にしてある。ここはもと舎人《とねり》親王の曽孫《ひまご》である右大臣清原夏野の山荘であった。夏野が承和《じょうわ》四年（八三七）に薨《こう》じたあと寺とされ、土地にちなんで双丘寺《そうきゅうじ》とよんだ。のち天安年中（八五七―八五九）に天安寺と改称されている。

大治四年（一一二九）白河法皇が崩御すると、待賢門院は仁和寺に御堂を建てるべく占地《せんち》させたところ、天安寺跡がよいということになったという。翌五年二月に上棟、十月に完成し、法金剛院と命名された。仁和寺の子院として建てられたもので、白河法皇の第二皇子である仁和寺覚性《かくしょう》法親王が落慶《らっけい》供養の導師をした。

五位山を背に中央に池を掘り、池の西に阿弥陀堂（西御堂）、東には御所《ごしょ》が構えられた。池の北には滝が落とされ、仁和寺林賢《りんけん》が作庭した。ついで保延元年（一一三五）から五年にかけて、北斗堂、三重塔、経蔵、三昧堂《さんまいどう》が建立された。

待賢門院が崩じた後は、わが子（鳥羽帝第五子）である仁和寺の覚性法親王に譲られたという。娘の上西門院（統子《とうし》内親王）も平治二年（一一六〇）に落飾入住《にゅうじゅう》し、承安《しょうあん》元年（一一七二）に南御堂、翌年東御堂が建立されている。

このような来歴の寺が律宗の寺として今あるのは、大念仏狂言による勧進で弘安五年（一二八二）に復興した円覚上人道御《どうぎょ》、応仁の乱や相つぐ大地震で荒廃したあと元和《げんな》三年（一六一七）に再建した照珍《しょうちん》が、いずれも唐招提寺ゆかりの人であったことによる。

現存の本尊丈六《じょうろく》阿弥陀仏は、待賢門院発願《ほつがん》により大治五年（一一三〇）に仏師院覚《いんかく》が造顕《ぞうけん》した当初の尊像である。また庭園も発掘復元されて国の名勝史跡に指定され、往時のおもかげをしのばせている。

待賢門院桜——奈良の都の八重桜は、いつしか枝垂《しだ》れ桜がそれと誤伝されてきたが、十年ほど前に新たに奈良県から分けていただき、旧に復した。

5. 瓦大工・吉重

古書店から送られてくる目録に奈良に関する本があると、つとめて求めるようにしている。大正から昭和二十年代ころのものだが、もう古老の話を聞くことが出来にくくなった現今、得るところが大と思うからである。

さきごろ昭和十八年刊の高田十郎著『奈良百題』という本を求めた。もう故人であるが、氏は五十年にわたり奈良に住み、昭和十六年に還暦《かんれき》を迎えた歴史家である。奈良を中心に歴史の話から、当時出会った人のことまで、多岐にわたる百話は含蓄《がんちく》に富んでいる。

その第八話に「かながき銘文の大群」、第九話には「五百年前のらくがき」というのがある。どちらも室町時代初めの瓦大工・橘吉重《たちばなよししげ》について記したものだが、氏は昭和十年に『法隆寺金石文集』をまとめておられ、第八話は瓦銘から吉重を顕彰している。

この時期の法隆寺諸堂の屋根修理は、ほとんどすべて吉重一族がたずさわったとみられる。吉重が瓦や鬼《おに》瓦にヘラ書きしたカタカナ交じりの銘は百五十例、中には百五十字に及ぶものもある。土のことを記したもの、晩年のものには「ユウアミトシ　七十一マカリナ

ル　フアン五年十月廿日　ノチノヨニミタシ　スル人ワ子ンフツヲ　申テルヘシ」――後世この瓦を見た人はどうか念仏を申してほしいと、心情を発露《はつろ》したものもあり、その人となりをうかがわせる。ユウアミとは「ユウ阿弥陀仏」の法名で、仏師快慶《かいけい》が「安阿弥陀仏」と号したのと同じ意であろう。

第九話では、氏が集めた古瓦の中に、吉重の文字で十七字が残っている丸瓦片を紹介している。知人が唐招提寺境内《けいだい》のゴミ溜まりで拾ってくれたもののことで、写真も載せている。「ヒンアウシ……　アラヒナカヤ　ヒタルヤ　……シヤ」とあり、「ア」は昔の「ホ」の字である。この一話は、この瓦銘の判読に相当骨が折れた――という軽い話だが、氏はこれを「貧乏し……　アラ、日永や、ひだるや、……しや」と判読し、五百年前の春か夏の午後に、即興的にイタズラ書きを試みたか、あるいは当時流行の俗謡・小唄の一節をラクガキしたものか、と吉重を追想しておられる。吉重は唐招提寺講堂の瓦もつくっているから、いろいろと書いた瓦も、昔はもっとあったにちがいない。

橘吉重が学界に紹介されたのは、法隆寺の瓦銘をもとに天沼俊一博士が大正六、七年に『考古学雑誌』に二度にわたって載せたのがはじめという。ついで岸熊吉氏は瑞花院（吉楽寺）の十数点の瓦銘を紹介された。その後は昭和十六年になって黒田昇義氏が、高田十郎氏の『金石文集』を参考に「瓦大工橘吉重」と題して『史迹《しせき》と美術』に発表され、初代と二代の二人の吉重がいたことを指摘された。

先年、鬼瓦師として保存技術者に認定された小林章男さんは、鬼瓦を系統的に研究され、その著『鬼瓦』正続は異彩を放っている。鬼瓦は奈良時代から堂塔の屋根を飾ってきたが、それらはすべて型押しによって画一的に造られた。小林さんによれば、それが十三世紀になって、一面ずつ手作りするようになったという。その最も古い遺例が唐招提寺鼓楼《ころう》の鬼瓦で、銘は無いが堂が再建された仁治元年（一二四〇）ころの作とみておられる。

紀年銘をもつ棟《むね》飾りで最も古いのは、唐招提寺金堂大棟《こんどうおおむね》の東方の鴟尾《しび》である。これには元享三年（一三二三）六月に寿王三郎大夫正重《まさしげ》がつくったことが明記されている。その伝歴は不明だが、のちの瓦師国重、吉重親子が同じ「重」の字をつけ、同じように三郎大夫、寿王三郎などと名のっていること、その年代等からみて吉重の祖父とみられている。そして元弘二年（一三三二）の法隆寺興善院本堂の瓦大工「三郎大夫」と同一人であろうという。

橘国重も銘はほとんど残していないが、法隆寺夢殿《ゆめどの》棟札（永徳三年＝一三八三）、西円《さいえん》堂《どう》棟札（応永五年＝一三九八）にその名がみえる。五重塔鬼瓦（応永十一年）には「タチハノ国重（花押）＝五十二ノトシ寿王（花押）」とあり、これによれば文和《ぶんわ》二年（一三五三）に生まれ、夢殿修理のときの「瓦工大工橘国重」は三十一歳、西円堂棟札に瓦葺《ぶき》衆として「大工国重　権大工吉重」とあるのは四十六歳のときとなる。

国重の二男とみられる吉重は永和四年（一三七八）に生まれ、初め彦次郎と名のる。応永十一年に父国重が亡くなったので、二十七歳にして権大工から大工になったとみられる。ついで応永十三年に名をかえて寿王三郎となる。

彼の瓦銘は法隆寺のほか薬師寺東院堂《とういんどう》（応永十四年）、霊山寺本堂（同十八年）、唐招提寺講堂（同三十二年）、瑞花院本堂（嘉吉《かきつ》元年＝一四四一）、西大寺（無年号）など諸寺にわたる。

ところが吉重銘の瓦は、吉重誕生から百十年後の長享《ちょうきょう》二年（一四八八）まである（唐招提寺講堂）。黒田昇義氏はこのことから、吉重には二人の歴代があり、瓦銘の書き方からそれが識別されると指摘した。一は右にみたようにカタカナ交じり、他は漢字のみで、前者は応永から文安まで、後者は文安から長享までの紀年銘が存する。後者がすなわち二代吉重である。法隆寺経蔵平《きょうぞうひら》瓦に「文安五年十一月十二日瓦大工吉重　キヤウサウノサシ瓦（コノ）トシツクル　ユウアミトシ七十一マ（カ）リナル」とあるのが初代吉重の最後のもので、おそらくその直後に生を完《まっと》うしたようだ。

二代吉重の瓦は、法隆寺食堂《じきどう》大棟の鬼瓦に「文安三年十一月吉日、左衛次郎作也」とあるのが初見《しょけん》とされ、この人の銘は必ず「作也」あるいは「作者」と書いているのが特徴という。黒田氏は法隆寺東院廻廊《かいろう》平瓦（もとは築垣《ついがき》の瓦）に、「フアン五年十一月十三日ユウアミユツルナリ」とあるのが職を譲ったという意味であれば、二代吉重が大工職となったのは文安五年ということになる、といわれる。そして唐招提寺講堂平瓦に「――長享二年戊申四月日瓦大工　寿王大夫作也」と記したのが、いまのところ二代吉重の最後である。瓦銘はこのほか法隆寺をはじめ霊山寺、龍田伝灯寺、一乗寺三重塔鬼瓦にもある。数は十五件ほどだが、四十数年に及ぶその活動は初代に比して遜《そん》色はない。

ところで最も興味深いのは、初代吉重の霊山寺本堂の平瓦で、「瓦大工せウ大イノ彦次郎吉重――」とある。ここに「せウ大イノ」とあるのは「招提の」とみてまちがいあるまい。二代吉重の康正《こうしょう》二年（一四五六）の霊山寺十六所神社拝殿《はいでん》の鳥衾《とりぶすま》瓦にも「瓦大工招提之彦次郎」とある。この二つの「招提の」は住所を示し、つまり吉重は二代とも唐招提寺近辺に居住し、寺と深い関係にあったことも示唆しよう。してみると、さかのぼって唐招提寺鴟尾をつくった寿王三郎大夫正重もまた、近辺に居をかまえた瓦匠であったといえる。

小林さんが指摘されるように、以後江戸時代にかけて、西の京に瓦職人が輩出し、兵庫あたりまで職域を広げるが、橘一族はその先駆の人であった。

6. 蕪村、浄土律の寺に詠む

さきごろ、蕪村《ぶそん》の句集に蓮《はす》を詠んだ句があり、「律院を覗《のぞ》きて」と前書があるから唐招提寺での句ではないか、問われた。

與謝《よさ》蕪村（一七一六―八三）は江戸時代天明期に俳句の風雅復興運動の中心となった人であり、文人画家としてもよく知られる。岩波文庫『蕪村俳句集』（尾形仂氏校注）をあたってみると、蓮の句は句集夏の部に四句がみえる。

前書が付された句はその第一句で、

387　飛石も三ツ四ツ蓮のうき葉哉

とある。他の三句は、

388　蓮の香《か》や水をはなるる茎《くき》二寸

389　吹売《ふきがら》の浮葉《うきは》にけぶる蓮見《はすみ》哉

390　白蓮を切らんとぞおもふ僧のさま

と続いている。注によれば387、388は明和年間（一七六四―七二）、389は明和五年六月二十五日、390は明和五年五月十六日の作といわれる。律院については「律宗の寺院。戒律がきびしい」と註されているのみである。この句を問うた人も、律宗の寺院と註されているところから唐招提寺とみたようだ。

新潮日本古典集成の『與謝蕪村集』（清水孝之氏校注）では、この律院に「浄土宗の律院。仏祖《ぶっそ》の戒律を敬慕し律制を厳しくすることを理想として享保期から起こった。武蔵の正定院、洛東の聖臨庵・長時院等が早い。釈《しゃく》蕪村と縁故のあった弘経寺《ぐきょうじ》の大玄《だいげん》上人は江戸目黒の長泉院の開山《かいさん》となる――」と註しておられ、律宗の寺ではなく、京都の浄土律の寺であるという。

蕪村は享保元年（一七一六）に今の大阪市都島区毛馬町に生まれた。出生の地には異説もあるが、二十歳のころに江戸に下り、俳諧《はいかい》師の宋阿（夜半亭《やはんてい》巴人）の内弟子となった。寛保《かんぽう》二年（一七四二）宋阿が没したのちは、下総《しもうさ》（千葉・茨城）結城に同門の砂岡雁宕《いさおかがんとう》を頼り、北関東や奥州の芭蕉の旅のあとをたどったりした。この間に、結城の弘経寺の成誉《せいよ》大玄上人のもとで剃髪《ていはつ》したとされ、のちに釈蕪村と自ら記している。「蕪村」という俳号は延享元年（一七四四）からといい、延享三年十一月には江戸の増上《ぞうじょう》寺裏門あたりに住んだという。

宝暦元年（一七五一）、三十六歳のとき京都に帰るが、同四年から七年まで丹後《たんご》（京都）宮津に赴く。宝暦十三年には吉野山の花見に行ったりした。明和三年から五年にかけ讃岐《さぬき》（香川）を行き来するが、その後はもっぱら京洛にあって俳句結社の中心となり、句作と画業にあけくれた。

徳川幕府の下で、仏教はキリシタン禁制に利用されたりする一方、寺請制や本末階級の制により形式化が進んだ。僧風は安逸《あんいつ》に流れ戒法は地におちたと世間から痛烈な批判をあびる。そうした中、真言宗をはじめ各宗に戒律護持《ごじ》の運動がたかまる。

『蓮門雑談集』という書には「我仏門ノ僧徒四民ノ外ニ出テ農業ヲツトメス、工尚ヲナサスシテ而モ官禄ヲ受、世ニ敬ヒ貴マルルハ何ノ故アリテノ事ナルヤ。唯コレ最勝ノ妙法ヲ取扱ヒ、戒行ノ持チ難キヲ能タモツニ堪タルカ故也。然ルニ今時我門ノ徒弘法《ぐほう》持戒ヲ以テ職トスル事ヲモ忘レハテテ、只檀家ニヲモネリヘツラヒ、酒肉ヲモナス事茶屋ノ如クナルハ何ソヤ」といった慨嘆がみえる。そして「アルトキ旅行ツイテフト或寺ノ門前ヲ通リタルニ門外ヨリ寺中ニ至ル迄、掃除ノ奇麗ナルヲ見テ思ハス寺中ニ立ヨリテ見聞スレハ律院ナルヨシ」ともある。

こうした実情をみつめ、宗団のあるべき姿、僧としての使命を自覚する人々が浄土宗にもあらわれる。最澄《さいちょう》にはじまる比叡山の円頓《えんとん》戒は理談に流れて行事面に粗漏《そろう》があるとして、奈良時代に立ち戻って四分《しぶん》律を厳持することが思向された。浄土律とよばれるこの運動は江戸時代中期と末期に大きな二つの波となった。

先の註にあげられた洛東の聖臨庵は、霊潭性澂《れいたんしょうちょう》（一六七六—一七三四）によりはじめられた。師は律幢《りっとう》振起の誓願を立てて、まず梵網《ぼんもう》戒をうけたが、さらに瑜伽《ゆが》戒や瓔珞《ようらく》経による戒を重受した。

洛西長時院は、信培湛慧《しばいたんえ》（一六七三—一七四四）が享保十二年（一七二七）に律院として再興した。荻生徂徠《おぎゅうそらい》に漢籍を学んだという人で、京都華開《けかい》寺に住し維摩《ゆいま》・華厳・倶舎《くしゃ》・唯識《ゆいしき》などを講じたという博識の人で、霊潭律師に沙弥《しゃみ》戒を受け、律を修め自誓《じせい》受戒した。

蕪村が帰依《きえ》した大玄上人は宝暦三年には増上寺貫主となり同六年に寂すが、目黒に開山した長泉律院には、のちに名僧普寂徳門《ふじゃくとくもん》（一七〇七—八一）が住して多くの弟子を輩出した。

蕪村がのぞいた浄土律院がどこかは定かでない。蕪村は知恩院へもしばしば訪ねたようだが、下総弘経寺を本拠として興《おこ》された浄土教義の一派の白幡流が、江戸から京都へと教勢を進め、ついに知恩院を本山としたのもこの少し前のことである。僧としてはいわばアウトサイダーの蕪村も、内心はれがましい気分であったであろう。

律院が京都の浄土宗の寺であったというのはそれとして、蕪村の奈良来遊をうかがわせる句がいくつかある。

450　虫干や甥の僧訪ふ東大寺

は明和三年六月十日の句とされる。明和六年五月二十日の作とされる句に、

287　蚊屋を出て奈良を立《たち》ゆく若葉哉

年月不明のものに、

600　秋の燈やゆかしき奈良の道具市

がある。安永八年とみられる句に、

122　大和路の宮もわら屋もつばめ哉

安永七年（一七七八）から天明三年（一七八三）の間とされるものに、

539　かつまたの池は闇也けふの月

573　三輪の田に頭巾着て居るかゞしかな

がある。かつまたの池の句は、『万葉集』巻十六の新田部《にいたべ》親王にまつわる歌「勝間田の池は吾知る蓮なし然言ふ君がひげなきがごと」を踏んだもので、枯れ葉に覆われて月の映《はえ》

る余地がないのを「闇也」といって明暗を対照させた戯句《ぎく》だという。蕪村は踏み歌をもって連想し句作することが多いが、これが実景を前に詠んだとすれば、当時薬師寺・唐招提寺を詣《もう》でたにちがいない。

天明二年の句に、

183　なら道や当皈《たうき》ばたけの花一木《ひとき》

がある。「蕪村句集」にはないが、「蕪村遺稿」春に、

3　葉ざくらや碁気《ごけ》に成行《なりゆく》南良《なら》の京（明和年間）

がある。碁気とはゆっくり碁盤に向う気分の意であるという。秋の部にも、

440　秋の夜や古き書《ふみ》読む南良法師《ならほふし》（安永三年七月）

がある。このほか安永九年（一七八〇）二月には高野山へ、天明二年三月には吉野山へ行っているから、往復には必ずや奈良を通ったことであろう。

蓮を詠んだ句は他にも数句あり、安永三年あるいは五年の作という。安永五年六月の夜半亭月並句会には、蓮・夕だちが兼題とされている。そして天明三年十月に句友に宛《あ》てた三通の書簡には「蓮枯れて池あさましきしぐれ哉」という句がしたためられている。

蕪村はこの年天明三年（一七八三）十二月二十五日未明、六十八歳の生涯を閉じた。

7. 宇智川磨崖碑の経意

毎年、十一月十七日に唐招提寺恒例の写経会が行われる。約三百人が、般若心経《はんにゃしんぎょう》二百七十余文字に願いをこめて、鑑真和上の御前に写経を供える。

経文《きょうもん》を写し記したもので最も特異なのは石経《せっきょう》であろう。中国河南省の房山石刻がよく知られるが、徹底した廃仏毀釈《はいぶつきしゃく》が行われた中国では、経典の亡失をおそれて石に経文を刻して伝えようとした。幸いわが国ではそうした迫害はなかったから、護法のために経を石に刻んだ例もない。

奈良県の中西部、五條市の宇智川磨崖碑《うだがわまがいひ》は、経文を石に刻んだものとしては唯一の例といえる。国道24号線の今井町交差点を南に折れて少し行くと、宇智川という小さな川がある。不動橋のすぐ下流にこの経碑はある。雲母片岩《うんもへんがん》という岩の、直立した畳二畳分ほどの岩面に「大般涅槃経《だいはつねはんぎょう》」と題する百二文字と観音とおぼしき像が陰刻《いんこく》されている。もちろん涅槃経の経意を顕彰《けんしょう》したものである。

宝亀九年（七七八）の紀年銘をもつが、永年の風雨や増水などにより磨滅《まめつ》が進み、三十八文字分は読みとれない。ことに発願者《ほつがん》名とみられる六文字分は全く不明だが、本文は経文に照らして次のように読解されている。

大般涅槃経／諸行無常　是所滅法　生滅々已　寂滅為楽／如是偈句乃是過去未来現在諸佛所説開空法道／如来證涅槃　永断於生死　若有至心聴／常得無量楽／若有書写読誦為他能説一経其身於劫後七劫不堕悪道／宝亀九年二月四日工少□□□□／知識□□

右のように八行に刻まれている。字体は雄勁《ゆうけい》な楷《かい》書体の天平《てんぴょう》文字であるが、石質が堅硬なためか彫刻が浅い。

近くには養老三年（七一九）藤原武智麻呂《むちまろ》が創建したという栄山寺《えいざんじ》があるから、この経碑もおそらく寺の住侶《りょ》が善知識を誘って造顕《ぞうけん》したものと思われるが、つまびらかでない。この碑のことは松平楽翁（定信《さだのぶ》）の『集古十種《しゅうこじっしゅ》』に載せられ、寛政八年（一七九六）十月に谷文晁《ぶんちょう》が訪ねて実見したときには、「工少沙門玄海《しゃもんげんかい》」とあったという。同時代の狩谷棭斎《かりやえきさい》はその著『古京遺文』に、「諸行無常……」と「如是偈句《にょぜげく》……」の二行一章は「大般涅槃経」の聖行品《しょうぎょうぼん》に、また「如来證……」から「若有……」の三行一章は高貴徳品によると指摘している。

「諸行無常……」以下の四字四句は雪山偈《せっせんげ》あるいは諸行無常偈とよばれ、「あらゆる現象や現象を生ぜしめる力は無常であり、生滅《しょうめつ》をその性質としてもつ。生じては滅しているのであり、それらの寂滅こそが安楽の境地である――」という。この偈《げ》（語句）を和訳したのが「いろは歌」であるとされる。

雪山とはヒマラヤ山脈の古名で、釈尊《しゃくそん》はその前世にこの雪山で修行したので雪山童子《どうじ》の名がある。帝釈天《たいしゃくてん》が童子の道心を試すため羅刹《らせつ》（食人鬼）に変身し、偈の前半二句を唱えると、童子は残りの二句を聞くために進んで、わが身を投げ出し羅刹に施した。帝釈天は童子の堅固な道心に感じて、童子の身を空中に受けとめ地上に安置し、敬礼したという。この話は有名で法隆寺の「玉虫厨子《たまむしのずし》」にも描かれている。

「如来證涅槃」の五字四句の偈は「如来は涅槃を証して永く生死を断じたまう。もし至心に聴くならば、常に無量の楽を得ることができよう――」という。南都《なんと》諸寺で唱えられる「舎利和讃《しゃりわさん》」の末尾にも付されているこの偈は、売身供養の物語として語られる本生譚《ほんじょうたん》である。

はるかに遠い過去世に釈迦牟尼《しゃかむに》如来という仏が涅槃経《ねはん》を説いておられた。供養しようとしたが貧しくて何もないので自らの身を売ろうとした。たまたま現れた買手は悪病を患っており、もし毎日三両ずつの身肉をくれるなら金銭五枚を支払おうという。直ちに請うて一日分の銭を前借りし、それをもって仏に奉献した。そして一心に聴聞《ちょうもん》したのだが闇愚《あんぐ》なため、覚えることができたのは「如来證涅槃……」の一偈のみであった。

しかしその後一カ月の間、毎日三両ずつ自身の肉を与えたが、いつもこの偈文を念じたため少しも苦痛とならず、やがて病人は病が癒《い》え、わが身も平復してキズあとも残らなかった。「今日、大衆を前に涅槃経を完全に説き得るのは、このように過去世で身を売って受持《じゅじ》した因縁力《いんねんりき》によるものである――」と釈尊は語られたという。

『大般涅槃経』には、クシナガラ（釈尊が入滅した北インド旧都市）での釈尊の涅槃について直接的な記事はほとんどない。それは涅槃の意味をとらえ直すことを主眼としたからである。如来とは法身《ほっしん》すなわち永遠の存在であって変易《へんえき》することはなく、この法身の慈悲のはたらきとして、仏性《ぶっしょう》の普遍性と、一切衆生《しゅじょう》に成仏《じょうぶつ》の可能性があることを論じている。この「如来常住無有変易」と「一切衆生悉有仏性」という二つの主題は、中国・日本の仏教に大きな影響を及ぼした。

『大般涅槃経』四十巻は北涼の曇無讖《どんむせん》によって四二一年に漢訳され、「北本」と呼ばれている。これが江南《こうなん》の建康《けんこう》に四三〇年に伝えられると、四一八年に法顕《ほっけん》が訳出した『大般泥洹経《だいはつないおんきょう》』六巻と対校され、修治されて三十六巻にまとめられた。いわゆる「南本」

である。

中国・南北朝時代（四三九―五八九）の南朝宋《そう》・斉《せい》・梁《りょう》・陳《ちん》にかけて、この涅槃経研究は最盛期となり、涅槃宗が形成されて、最高至極の教えと信じられた。だが隋唐《ずいとう》になって天台大師智顗《ちぎ》や嘉祥《かしょう》大師吉蔵《きちぞう》が法華経を唱えて、釈尊最後の説法である涅槃経までいかなくとも、その直前の説とされる法華経に、すでに釈尊の真意は顕《あき》らかにされていると主張したため、その座をゆずることとなった。しかし天台教学も涅槃経に負うところが大で、涅槃経の周密な研究をしないと天台大師の三大部の理解は不可能とも指摘されている。

聖徳太子の『勝鬘経義疏《しょうまんぎょうぎしょ》』に引用されていることからも、わが国に早くから涅槃経が伝来していたことがうかがえる。『続日本紀』の養老六年（七二二）十一月十九日の条には、元明《げんめい》天皇の一周忌にあたり、書写功徳《くどく》による冥福を祈るために「華厳経八十巻、大集経六十巻、涅槃経四十巻、大菩薩蔵経二十巻、観世音経二百巻を書写する」ことを詔《みことのり》している。

ちなみに『東征伝』によれば、鑑真和上が来朝のみぎりに将来された経は「金字大方広仏華厳経八十巻、大仏名経十六巻、金字大品経一部、金字大集経一部、南本涅槃経一部冊巻……」とされている。養老六年から三十年後のことではあるが、中国とわが国で受けいれられた経典の種類や数が知られて興味深い。ここにも涅槃経がみえるのは注目されよう。涅槃宗もわが国に伝えられて、元興寺《がんごう》・大安寺《だいあん》で常修多羅宗《じょうしゅたら》と呼ばれたというが、独立した一宗にはならなかった。しかし経に説かれた深い意味は、その後の多くの宗にさまざまな影響を及ぼしただけでなく、平安時代以降の文学などにも消化されている。

宇智川磨崖碑は年代の確かな点からも、宗教あるいは学術のうえでも稀有《けう》の資料として、大正十年に国の史跡に指定されている。現場で自然の姿で保存されるのがよいのであろうが、涅槃経が及ぼした歴史的な意味あいからも、これ以上の磨滅を防ぐ方策がぜひ必要であろう。

8. 尼ケ辻の地蔵さん

唐招提寺二十二世 證玄《しょうげん》長老の逆修《ぎゃくしゅ》のことを前に書いたが、もう一つ、地蔵尊造顕《ぞうけん》のことを記しておきたい。

奈良市内の三条通と郡山《こうりやま》街道との交差点は「尼ケ辻《あまがつじ》」とよばれる。この辻の西南角にある地蔵堂には、鎌倉時代中期の刻銘がある地蔵さんの石像がまつられている。平成二年四月に奈良市指定文化財となった。市教委による堂前の説明板には、

この像は大型の安山岩に厚肉に刻まれており、右手は錫杖《しゃくじょう》を持たず与願印《よがんいん》を結び、左手は胸前で宝珠《ほうじゅ》を持つ古式の地蔵の姿を残している。光背《こうはい》に刻まれた銘文から、文永二年（一二六五）に造られたことがわかる。市内には石像の地蔵菩薩像が多数あるが、本像は技巧的にも優れており、本市の鎌倉時代の代表的な石仏のひとつである。

とある。平成元年に市教委が発行した『奈良市石造遺物調査報告書』（都跡地区第五十番）には、総高二一〇、幅七二、厚二五（いずれもセンチ）と法量《ほうりょう》が示されている。

銘文は像の左肩からそでに沿っての光背部に「■為悲母得脱造立之　文永二乙丑八月

日」とある。同様に右側には「以[合][祈]者七世恩所六道衆生普利」とあり、その下方にひらがなかと思われる四文字ほどが刻まれているが判読できない。

この石像については、実は昭和六年に、唐招提寺の森本孝順《きょうじゅん》長老が「尼ケ辻石地蔵に就て」と題して、『東洋美術』第九号に発表しておられる。おそらくこの地蔵尊が世上に紹介されたはじめてのものと思われる。この地蔵尊が證玄長老造顕ということは古くからいい伝えられてきたようだが、確証とはいえないまでも、納得される傍証《ぼうしょう》を示されたのがこの小論である。

長老によれば、銘文にいう造立趣旨の「悲母得脱の為」という悲母とは、弘長三年（一二六三）に他界した證玄長老の尊母を意味し、文永二年はその三回忌にあたるから、この地蔵尊が證玄長老の造立とみてまちがいないとされる。

これが尼ケ辻に建立されたのは、唐招提寺と尼ケ辻との古くからの関係、つまり尼ケ辻の尼の字をもとは「甘」の字を用いたという因縁によるとみられる。

尼ケ辻の名は、現在法蓮町にある尼寺の興福院が、かってはこの近くにあったからと一般に伝えられている。しかし平安時代初期の承和《じょうわ》元年（八三四）に第五世豊安《ぶあん》が書いた『唐招提寺本源流記』には、鑑真和上がこのあたりの土を嘗《な》めて、寺を建てるによい地といわれたという逸話を記し、同時に「その味甘しと曰ひければ其辺を甘壌と云ふ」とも記している。貞治《じょうじ》五年（一三六六）の『記録法蔵』にも、鑑真和上が戒法久住《くじゅう》の地を求めて、三条伏阪を尋ねて地味を嘗め、それより「甘辻」と名づけられたとある。つまり甘の字がのちに尼となったものである。

さて、孝順長老の論文にはこの地蔵尊に刻まれた銘文の拓本・判読とともに、肩幅や顔の大きさ、台座の大きさなどさらにくわしい法量が示されている。そして、

――右肩より左肘にかけて斜に割れ、惜しいことに鼻が磨滅してゐるが、これ等を除けば何処にも難ずる點を見出せない。衣の流れにも鎌倉の彫法がよく露れて居るし、刻字にも亦時代の癖を充分に具してゐる。

と観察結果を記し、「面相は十輪院のものより建長六年八月の銘ある洞の石地蔵に極似してゐる」とも指摘される。

奈良にみられる石造の地蔵尊で、もっともよく知られているのは十輪院の石仏龕《がん》の本尊であろう。刻銘はないが平安時代末期から鎌倉時代初期の造顕といわれ、形相《ぎょうそう》は左手宝珠、右手与願印とする古様《こよう》である。尼ケ辻の地蔵尊はこの像を範としたかと思われるほぼ同じ形姿で、台座には蓮弁《れんべん》も刻まれている。

地蔵尊は釈迦・弥勒《みろく》二仏の中間の無仏世界の導師とされるが、やがて衆生《しゅじょう》の業苦《ごうく》をその身がわりとなって一身に受け、衆生を極楽へ導いてくれるとして、ひろく信仰され、造像もさかんになった。「内秘菩薩行外現声聞形《ないひぼさつぎょうげんしょうもんぎょう》」といわれ、左手に宝珠、右手に錫杖をもつ姿が一般的である。これは唐の不空《ふくう》三蔵の儀軌《ぎき》によるもので、長老の小論ではこのほかにも形姿や持物《じもつ》・印相《いんそう》のちがいから、およそ七種あることが典拠とともに示されている。

右手与願印の像もその中の一つであるが、与願とは与満願の略で、一切衆生の願いをことごとく満たしてくれることを表し、印相は右手の五指を伸べて垂下《すいか》する。

この形式の像は十輪院、法隆寺西円堂《さいえんどう》、矢田東明寺、吉野常楽寺、山城浄瑠璃寺、上醍醐寺、嵯峨覚勝院、中尊寺金色《こんじき》堂など諸寺にみられる。唐招提寺にも、弘法大師が一夏九旬参籠《さんろう》中に作ったと伝える地蔵堂安置の像をはじめ、この形式のものが数体ある。長老は、

――これらの遺物よりしてもこの様式の製作が、平安初期から鎌倉末迄に限られた様であり、密教的立場から地蔵十輪経等をみて構成されたのではないかとも思へる。

と指摘される。

長老が論文を発表された直接のきっかけは、その二年前の昭和四年に出版された西村貞氏の著『南都石佛巡禮』で、その文中に「薬師寺から西大寺《さいだいじ》附近へかけては目ぼしい石佛

はあまりない。秋篠《あきしの》村の西迎寺に永正四年の石地蔵と二條村に天文年中の五智如来の石佛を算へるに過ぎないやうである」と簡単に片づけられてしまったことによる。

早くから寺内外の銘文や古記を検索蒐《しゅう》集しておられた長老であるから、尼ケ辻地蔵の銘文も見逃してはおられない。目ぼしい石仏はないとされては、だまって放っておけなかったのである。昭和六年は長老がちょうど三十歳のときであった。

それはともかくとして、この論文が、いまも地蔵尊に日々供華《くげ》する地区の人々のよりどころとなっている。都跡小学校前の宇佐美さんがガリバン刷りのプリントを見せてくださった。それは『東洋美術』誌の長老の論文をそっくり再録したものであった。宇佐美さんはそれを村の古老から、地蔵尊の大事な資料だから、大切に保管し伝えていくようにと託されたのだという。巷間《こうかん》における歴史伝承の一面を教えられる思いであった。

第二阪奈道路の新設に伴い、この交差点も拡幅工事が進められ、地蔵尊もしかるべきところへ移動した。新しい尼ケ辻となっても、威光《いこう》倍増されることをお祈りしたい。

9．花マンダラ——入江先生追弔

奈良の写真家、入江泰吉先生が逝《い》ってしまわれた。

平成四年一月十六日、突然森本長老から電話があった。「入江先生が亡くなられた——」新聞社から五條市の自坊の方へコメントを求める電話があり、知ったのだ。「すぐ代わりに弔問に行ってくれ、わしは寺役で動けぬし——」あとはことばを濁してしまわれた。どうもいつもと声がちがう。ここ数年、昵懇《じっこん》の方が亡くなられるたびに、落胆の大きいのは傍目《はため》にもよくわかる。長老は八十九歳、入江先生は八十六歳、三つちがいである。もう、あの飄逸《ひょういつ》としたお姿に出会うことはできない。まだまだお聴きしたいことがあったのに——。こみあげるものを必死におさえつつ、ともかくお宅へ駆けつけた。他の弔問客の肩ごしに対面する先生のお顔は、実にやすらかであった。

先生が浄土宗の信徒で、すでに五重相伝《ごじゅうそうでん》も受けておられたことを、このときはじめて知った。一般に「五重」と略称されるこの法会《ほうえ》は、十日ほどのあいだ寺にこもり精進潔斎《けっさい》して、宗門の教えを五段階に分けて教示される。信徒の多くが結縁《けちえん》するもので、ことさらめずらしいことではないのだが、お戒名もちゃんといただいておられたわけで、先生のかくれた一面であった。

檀那寺である浄国院さんの枕《まくら》念仏がすんだあと、かたわらの私に奥さんが小声で問いかけられた。「急なことでまだ床のお軸《じく》もそのままですが、掛け替えないといけないでしょうね」。阿弥陀仏の画像か名号があるといいんだが――。「はずかしいですけど私の書いた般若心経《はんにゃしんぎょう》があります。四国八十八カ所のお軸でもいいでしょうか――」。頭に浮かぶままをいくつか並べられる。きっと先生との思い出が、ほとばしりでるのであろう。

床には「道法自然《どうほうじねん》」という会津八一《やいち》の書が掛かっていた。年末に入院され、正月の三ケ日をお宅で過ごされて、また病院に戻られたのだという。先生手ずから掛けかえていかれたのであろう。きっと一番のお気に入りだったのだ。むしろそのままの方が、と言おうとして口をつぐんだ。しきたりもある。ご住持《じゅうじ》の指示を仰がれては――、とだけこたえた。

密葬の日は時折強い風の吹く、やけに底冷えのする日であった。読経がはじまりお別れの焼香を待つ小半とき、じっと寺の庭に立っていると足もとから冷えが体をつきあげてくる。だがこの冷たさを私は楽しんだ。先生が想《おも》い出させてくれるのである。

先生にはじめてお目にかかったのは、私が入寺して間もなくのころである。そのころは土門拳《けん》さんも時折撮影に見えていた。そして昭和四十年ころからは、出版社からの依頼などで、先生が寺の金堂《こんどう》諸像を撮影されることがひんぱんになった。扉を閉めてからになるから、当然夜間の撮影となる。夜中の二時ごろになったのもしばしばである。冬であれば堂内は深々《しんしん》と冷えこむ。先生もお弟子さんも、そして私も、いつのまにか身ぶるいし足ぶみすることが幾度もあった。会葬の人々に、先生のご苦労はちょうどこんな感じでしたよ、といいたかった。

目だたぬところで先生にお世話をおかけしたのは、唐招提寺がいちばんであったかもしれない。仲秋名月に行われる観月讃仏会《かんげつさんぶつえ》の案内状は、昭和四十五年以来ほとんど毎年、先生の写真でかざっていただいた。「何ぞいい写真ないか先生に聞いてみ――」長老の命で電話をすると、何枚か持たせますとおっしゃって、一時間もしないうちにお弟子さんに届けさせてくださる。

暑中見舞のハガキにも蓮《はす》の写真を使わせていただいた。昭和四十三年に、蓮の研究で知られる大賀《おおが》一郎博士のお弟子で、御坊で高校の先生をしておられた阪本祐二氏が、鑑真和上へといろいろな花蓮を奉納された。それ以来、花の開くころになるとたびたび先生をわずらわせた。まずポラロイド写真で構図や露光の調子を検討される。そんなとき傍《かたわ》らにいると決まって「こんな調子でどうかな」と見せてくださる。素人の私は困ってしまうのだが、先生の写真が多くの人々に親しまれる源泉は、こんなところにあるのかもしれない。

先生による唐招提寺の写真集は、昭和三十八年に淡交社から出たものが、鑑真和上の千二百年忌に花をそえてくださった。さらに本格的なものが昭和四十八年に毎日新聞社から出版された。これにもいくつもの思い出がある。

昭和四十六年夏の午後のこと、撮影を終えて帰ろうとされたのだが、金堂大棟《おおむね》の北の空に、にわかに見事な入道雲が涌《わ》きたった。もちろん先生は早速フィルムに収められた。その後二十年、あのような入道雲に出会っていない。二上山《ふたかみやま》の雲の瞬間をとらえた写真が話題を呼ぶが、それに劣らぬシャッターチャンスであったと、ひそかに思っている。

椿の供華《きょうか》の写真は長老のアイデアであった。同じ年の春だったから、先生が花を追い求められたごく初めのころである。境内《けいだい》には丹念に集めると二十余種もの椿がある。「先生、ぜひこれをご開山《かいさん》にお供えしましょうや」と長老みずから採取して盛り花された。器《うつわ》は重要文化財の奈良時代の華形盤《はながたばん》であった。重要文化財のものを——、といわれるかもしれないが、たとえ国宝であろうとそれにふさわしいところでなら実用にも供すべし、というのが長老の考えで、もとより先生も異論はない。先生の花の写真の中でも特異な一枚である。

もっとも残念がられたのは雪の写真が撮れなかったことである。雪の金堂をぜひ一枚入れたいと、出稿ぎりぎりまで二冬も待ったのだが、皮肉なことについに一度も雪は降らなかった。

先生が最後に寺へおいでになったのは、平成三年暮の十日であった。数日前に十一月末の出版パーティーの欠席をお詫びしたので、先生の作品集『大和路雪月花』をお持ちくださったのだった。「僕の自伝のようなものだけど、恥ずかしいから長老には絶対に見せないでよ。長老にはこちらを見ていただきたいのだ――」といい、差し出されたのは『卒寿白吉兆』という大冊だった。後日この本の内容について、お互いに身を乗り出すようにして話をされるにちがいない。こんなに早く逝ってしまわれるとは思わなかったから、私はそんな光景を描いていた。あれこれ三十分ほど話をして車のところまで見送った。「先生、風邪ひかないでくださいね」、「ありがとう。長老によろしく」、いつもの、あの目を細めての笑顔に接した最後になった。

先生はここ十余年、大和路の花、万葉の花へと傾斜された。「美の究極は花」という先生の哲学は別として、お子さんのない先生夫妻には、レンズを通してみつめる花たちが子供たちであった。先生の脳裡《のうり》にはそうした花々をちりばめたマンダラがえがかれていたにちがいない。名付けていえば「花マンダラ」である。

そしていま先生は、その花マンダラの中央へ安坐されるべく向かっておられよう。「ぼくは、そんな――」と照れながら――。

あとがき

昭和六十年六月から毎月一度、地元の「奈良新聞」宗教欄に「私の如是我聞《によぜがもん》」と題して拙文を連載させていただいた。平成三年十一月、その中から四十九篇を『風月同天』—唐招提寺閑話—と題し毎日新聞社から出版した。連載は平成七年六月まで百二十一回続いたので、このたび五十三篇を収載したのが本書である。先著の分と合わせて百二篇となる。

鑑真大和上がわが国仏教と文化にもたらされた恩徳は汲み尽くせない。「私の如是我聞」は、おそば近くに仕えた素朴な感懐である。私は昭和三十四年からちょうど四十年間唐招提寺にお世話になった。その間、いち度も他所へ出ることなく、もっぱら鑑真和上の膝下で給仕につとめることができたのは、至上のよろこびであり、私のささやかな誇りでもある。四十年この寺に起居した者は、明治このかたなかった。

今年は和上が来朝されて千二百五十年である。この記念すべき年にあたり、誠におこがましいが、本書をもって鑑真和上に捧げ、あわせて読者諸賢のご叱正を仰ぎたい。

東山魁夷画伯の「唐招提寺御影堂《みえいどう》障壁画」は、和上に対する画伯の思いがこめられた畢生の大作だが、新聞連載時にはいち度もふれなかった。寺側の窓口となって間近かに接した私には、十余年の御苦労を軽々に書くことがはばかられたからで、本書にも全くふれていない。いつの日か筆を新たにしたいと思っている。

本書の「戒は人と社会を救う」はいささかキザに思われそうだが、私がいうのではなく、三聚浄戒《さんじゅじょうかい》そのものがめざすところである。当初の稿がむずかしくつまらぬとの指摘があったので、この稿だけは半分ほど他と入れかえた。その結果、大乗戒を説く梵網経《ぼんもうきょう》・瑜伽師地論《ゆがしじろん》等については割愛した。訪中のことを三度にもわたり書いたのは、揚州の人々の鑑真和上に対する思いを読みとってほしかったからである。十年前のことで、くどいようだが本書にもそのまま収めた。揚州では今秋も和上をしのぶ紀念の大会が開かれた。

道鏡については、私の感想を述べつくせないものであったが、学術的見地から今年十月に根本誠二氏が『天平期の僧侶と天皇』（岩田書院）を上梓されたことを付記しておく。

教示を得たいと思っていた人が次々と他界され、時の流れを痛感する。ことに東大寺の堀池春峰先生が逝かれてしまったのは残念でならない。中国の茗山《めいせん》大師にはまた別の思いがある。昭和五十五年の鑑真和上の里帰りが縁で、師は八十一世森本孝順《きょうじゅん》長老に格別の友誼をもっておられた。かつて中国からの渡航は自由でなかった。永年の願いがかなって師が訪日されたのは平成七年で、長老はすでに病床にあった。日本に来た目的は長老に会うためと懇願され、もしお連れしなかったら私にも悔いがのこると考え、雨の中を二時間車を走らせた。長老が臥す自坊へ着いたのは夜であった。お二人は通訳もそこそこに、ながい間堅く握手され、その手をなかなか離そうとされなかった。私は信頼とはこういうことかと教えられた。長老が逝かれる十日前のことであった。

私は、師匠の八十一世森本孝順長老が平成七年六月に遷化されたあとを継いで八十二世となった。慚愧に堪えないことだが戒律にふれるところあって、平成十年九月にその任を辞した。たまたま五十余日入院し、頚椎、腰椎の神経が悪化していて、このままではやがて車イスの生活になるといわれ、意を決して退寺した。実は、それにも増して耐えがたい屈辱を受けたからではあるが、それは今言うまい。大方の期待を裏切ったことを懺悔しお詫びする。就中《なかんづく》、八十一世長老を支える鼎の一足となり、誠心尽くしてくれた左野勝司氏に、何も償いられず今日に至っているのが心残りである。

寺は金堂《こんどう》の解体修理を控えていたが、幸い資金の手だてはできていた。東大寺の昭和大修理で、資金集めの企業まわりの苦労を見聞していた。東大寺なら「あああの大仏さんの」と理解は早いが、唐招提寺・鑑真といっても「これ何と読みますの……」から話ははじまる。そこでどこかキーになってくれるところをと思案した。末寺講御堂寺《こうみどうじ》の現住職久保良輝師がＴＢＳ（東京放送）現社長の井上弘氏と懇意であったので、お二人に橋渡ししていただいた。さらに幸運なことに、現会長の砂原幸雄氏が映画「天平の甍」のプロデューサーであったという御縁から、全面的に協力してくださる約束を頂戴したのである。平成十年春のことであった。

また、覚盛《かくじょう》上人像（室町時代・重文）は旧開山《かいさん》堂に仮安置されていたが、雨もり寸前であったので、収蔵庫の機能をもった新たな中興堂建設を企図した。江戸時代の英範《えいはん》上人、孝順長老の像も併せ安置するよう設計図も整い、地鎮するばかりであった。さらに駐車場の境外への移設も、土地所有者の理解を得て半ば決定していた。その後、これらが予定通りに進捗しているのはありがたいことである。

私はいま、奈良の市井にあって病院通いするかたわら、居所を證浄院と名づけ独菩薩の道を歩んでいる。とはいえ鑑真和上に対する思いは絶ちがたく、平成十三年に中国で改めて授戒を受けた。茗山大師に受けたいと願っていたが、師は数年前に宝華山隆昌寺《ほうかざんりゅうしょうじ》「得戒本師大和尚」の任を退いておられた。そこで大明寺能修《のうしゅう》師は茗山師と相談してくださり、後任の慈舟《じしゅう》大師の下で受得することができた。同寺は戒壇を具え全国の僧尼に授戒する寺である。随方毘尼《ずいほうびに》――時と処に沿った戒律でよいというのだが、私はいまも律僧は独身であるべきだと考えている。頓挫した私だが、七転び八起きを目指している。

さて、どこかで自分自身に区切りをつけたいと思っていた私に、出版をすすめてくださったのは『風月同天』でもお世話になった築達榮八氏である。本書が成ったのはひとえに氏のおかげであり、唯々感謝申し上げる。また、今回も他社からの出版を快諾してくださった奈良新聞社社長甘利治夫氏にお礼申し上げる。そして、勝手な私の意を体して、短日時での出版にこぎつけてくださった文芸社の長谷川弘氏、山下裕二氏をはじめ、古内敏章氏、城田久美子氏の厚意に深甚の謝意を表したい。

尚、少人数の寺を支えてくださったのは山岸正子氏、安永妙子氏、焼田孝雄氏はじめ職員諸氏の篤い護寺の念であったが、並々ならぬ御苦労をおかけした。また寺外の夏目みち江氏、遠藤忠男氏には今もお世話になっている。ここに記して感謝の一端とする。

平成十五年十一月六日

奈良證浄院にて

遠　藤　證　圓

初出一覧（奈良新聞連載「私の如是我聞」掲載年月日・「　」内は原題）

第一章　鑑真和上の来朝
1．画竜点睛を求めて　平成元年五月一日「戒師」
2．鑑真和上伝戒を決意　平成四年一月五日「今年」
3．仏法有縁の国　平成三年九月一日「転生」
4．慧思の「後身説」　平成四年十一月一日「後身説」
5．日中を結んだ糸　昭和六十三年四月四日「往還」
6．『東征伝』に献詠された漢詩　平成元年六月四日「漢詩」
7．新田部親王邸を律院に　平成元年九月三日「新田部親王」

第二章　和上が伝えた律宗
1．律宗のふるさと終南山　昭和六十二年二月二日「終南山」
2．道宣律師と長安西明寺　昭和六十二年三月二日「西明寺」
3．僧伽のありかた　平成二年八月二日「僧伽」
4．半月ごとに自己を省みる　平成二年九月九日「布薩」
5．浄域を定める結界　平成二年十月七日「結界」
6．全員の意思で決める羯磨　平成二年十一月四日「羯磨」
7．過去七仏が説く戒め　平成二年十二月二日「過去七仏」
8．「戒」は人と社会を救う　平成三年八月四日「三聚浄戒」

第三章　遺徳のひろがり
1．和上の典籍に感涙した最澄　平成五年十一月八日「天台」

2. 随従の碧眼僧・如宝　平成四年六月七日「浄妙寺」
3. 道忠と初期天台宗　平成六年十二月五日「道忠」
4. 招提伽藍の造営　平成四年七月五日「五重塔」
5. 豊安と空海の交わり　平成四年八月二日「水魚」
6. 『戒律伝来記』　平成四年九月六日「戒律伝来記」
7. 和上将来の仏舎利　平成五年六月六日「分舎利」

第四章　護法のこころ

1. 戒律復興のさきがけ実範　平成七年五月二十二日「実範上人」
2. 戒律を伝承した覚盛と叡尊　昭和六十一年八月十一日「留法」
3. 二師を支えた證玄と忍性　昭和六十一年九月八日「稜線」
4. 和上伝を絵巻にする　平成七年六月十三日「東征絵伝」
5. 尊母のために逆修　平成六年九月五日「逆修」
6. 生駒の竹林寺　昭和六十一年十二月八日「竹林」
7. 尼僧の成立　昭和六十三年十月三日「信如尼」
8. 京都に律宗をひろめた道御　平成四年三月一日「円覚上人」

第五章　法灯をつなぐ

1. もののふ椿の菩提寺　平成七年四月四日「武士椿」
2. うちわまきの舞楽と陪臚会　平成五年五月二日「陪臚会」
3. 社寺復興をたすけた隆光　平成六年六月六日「隆光僧正」
4. 綱吉と隆光の深い絆　平成六年七月四日「隆光僧上②」
5. 伽藍を守護する訶梨帝母　平成五年三月七日「訶利帝母社」

6. 椿に癒しを求める　平成六年四月四日「宝静長老」
7. 無言の松が語る「戦争」　平成五年八月一日「松根油」
8. 「両に稲田」の唐招提寺　平成三年十月六日「稲田」

第六章　交流のあしあと

1. 友好の花「けい花」　平成六年五月九日「瓊花」
2. 日中仏教の恩人――趙樸初居士　平成五年十月四日「趙樸初居士」
3. 和上上陸の秋目に記念館　平成五年一月十日「記念館」
4. 一二五〇周年の紀念訪中　平成六年一月十日「千二百五十周年」
5. 鑑真の精神に学べ　平成六年二月七日「紀念活動」
6. ふたたび江南の春　平成六年三月七日「江南春」

第七章　大和路余録

1. シキミと鑑真和上の伝承　平成五年四月四日「樒」
2. 道鏡の真実の姿をさぐる　平成四年十月四日「道鏡」
3. 謡曲「百万」の由来　平成四年五月三日「百万」
4. 平安京に咲いた奈良桜　平成四年四月三日「待賢門院桜」
5. 瓦大工・吉重　平成五年十二月六日「瓦大工　吉重」
6. 蕪村、浄土律の寺に詠む　平成六年八月一日「蕪村」
7. 宇智川磨崖碑の経意　平成六年十一月七日「宇智川磨崖碑」
8. 尼ケ辻の地蔵さん　平成六年十月三日「尼ケ辻地蔵」
9. 花マンダラ――入江先生追弔　平成四年二月二日「花マンダラ」

著者プロフィール

遠藤 證圓（えんどう しょうえん）

1938（昭和13）年　川崎市に生まれる。
1959（昭和34）年　唐招提寺に入寺。
1968（昭和43）年　大谷大学大学院修士課程修了。
　　　　　　　　　唐招提寺執事、塔中應量坊住職。
1995（平成７）年　律宗管長、唐招提寺第82世長老就任。
1998（平成10）年　同辞任。退寺して現在病気療養中。
2005（平成17）年　額安寺名誉住職就任。
奈良市在住。

主な著書
『日本仏教基礎講座』1奈良仏教「律宗」の項（雄山閣）
『日本仏教十三宗ここが違う』「律宗」の項（大法輪閣）
『魅惑の仏像』２「千手観音」、10「盧舎那仏」（共著・毎日新聞社）
『不滅の建築』２「唐招提寺金堂」（共著・毎日新聞社）
『風月同天―唐招提寺閑話―』（毎日新聞社）

ウーマンライフ新聞社にて、女性のための仏教入門講座「ブッダ釈尊―四大仏跡に学ぶ」「十三の諸仏を学ぶ」「般若心経をよむ」を開講。

鑑真和上 ――私の如是我聞――

2004年２月15日　初版第１刷発行
2010年12月30日　初版第２刷発行

著　者　遠藤 證圓
発行者　瓜谷 綱延
発行所　株式会社文芸社
　　　　〒160-0022 東京都新宿区新宿１－10－１
　　　　　　電話 03-5369-3060（編集）
　　　　　　　　 03-5369-2299（販売）

印刷所　図書印刷株式会社

ISBN4-8355-7062-6 C0015